Bo y Judson elaboraro[n] ... vante como bíblico. Si los ... generación, necesitan dejar de lado los paradigmas puramente programáticos y adoptar un modelo encarnado en el discipulado. *El factor compartir* te lleva de vuelta a un principio fundamental del ministerio de Jesús: vida en la vida para la vida. Este libro te inspirará, equipará y transformará.

Greg Stier
Fundador y presidente de Dare2Share Ministries

«Compartir» es un elemento fundamental para edificar un ministerio relacional efectivo. *El factor compartir* ilustra de manera práctica a las personas que trabajan con jóvenes cómo implementar este aspecto crítico en el ministerio a través de útiles ejemplos y herramientas, especialmente cuando se busca mentorear relaciones.

Lynn Ziegenfuss
Director de consejería del Nacional Network of Youth Ministries

Cuando dices la palabra «aconsejar», la gente con frecuencia se siente intimidada; pero si le pides a un adulto que «comparta» con algunos estudiantes y simplemente le invitas a ser parte de la vida cotidiana de ellos, la labor parece factible. Gracias a Bo y Judson, ahora disponemos de una guía completa para esta jornada relacional. Usa este libro para hacer un impacto eterno en la vida de los estudiantes jóvenes.

Doug Fields
Pastor de estudiantes de la Iglesia de Saddleback y presidente de Simple Youth Ministry

Bo Boshers incorpora el fortalecimiento de los individuos, los prepara para el futuro y los ayuda a responder sus más íntimas y fundamentales preguntas. *El factor compartir* y *El factor compartir, guía del estudiante* proveen ideas bíblicas con «súper pegamento» que se adherirán a través del tiempo.

Dr. Jay Strack
Fundador y presidente de Studentleadership.net

Si vamos a levantar una nueva generación de líderes centrados en Cristo, no sucederá por tener mejores y más grandes programas de ministerios para jóvenes. Los líderes que pasan tiempo aconsejando a un grupo pequeño de estudiantes desarrollarán los líderes de ahora y del mañana. Bo y Judson hacen un gran trabajo al ayudar a los líderes de jóvenes a volver a los principios básicos del modelo de Jesús: entregarse a un grupo pequeño de estudiantes y darte recursos que te ayudarán a hacer una diferencia para la eternidad.

Andy Stephenson
PhD, líder estadounidense de Youth and Family Ministry,
Iglesia de los Ministerios de Dios, Anderson, IN

Una cosa es escribir sobre mentoreo y otra, mostrarlo y experimentarlo como un estilo de vida. Bo Boshers es la persona correcta para escuchar y ser entrenado. Quien le preste atención se convertirá en un mentor efectivo de estudiantes en esta generación. *El factor compartir* es una lectura obligatoria

Josh McDowell
Escritor y conferencista

Una de las más preocupantes verdades en mis veinte años de ministerio nacional y urbano de jóvenes es ver la triste realidad de muchos estudiantes: cuando se gradúan de secundaria, se alejan de la fe. No se podría hacer una caracterización más clara de cómo amar de forma auténtica a nuestros estudiantes sin los preceptos probados y mostrados en este libro. *El factor compartir* responde inteligentemente al cómo, qué, dónde y por qué del discipulado-mentoreo. No habrá más adivinanzas ni espacio para la intimidación si se sumerge en sus reflexiones. Este volumen es lectura obligatoria para mi equipo, ya que procuramos alcanzar a los que no tienen padre para el Padre. Sin duda que hará parte de la biblioteca de cualquier trabajador de jóvenes que se tome en serio los asuntos del Señor.

Steve Fitzhugh
Presidente de The House, Washington, DC

Los estudiantes ven tu presencia en sus vidas como un símbolo de cuidado y conexión. El mayor impacto en la vida de cualquiera casi siempre proviene de una persona significativa que dedicó tiempo para «compartir» con ellos. Bo y Judson no solo escribieron un excelente libro sobre mentoreo, ellos lo viven.

Jim Burns
PhD, presidente de HomeWord

En un mundo en el que mucha gente se siente «sin padre», Bo Boshers nos da un cúmulo de ideas de cómo acercarse, construir y orientar a la generación más joven hacia Cristo y los beneficios esenciales de Dios. *El factor compartir* debe estar en la lista de lecturas requeridas de cada persona llamada al ministerio de estudiantes.

Gordon MacDonald
Escritor y conferencista

elfactor compartir

elfactor compartir

proveyendo un modelo en el diario vivir

bo boshers y judson poling

WILLOW
Willow Creek Resources

Vida®

La misión de Editorial Vida es proporcionar los recursos necesarios a fin de alcanzar a las personas para Jesucristo y ayudarlas a crecer en su fe.

EL FACTOR COMPARTIR
Edición publicada en español
por Editorial Vida -2008
Miami, Florida

© 2008 por Willow Creek Association

Originally published in the U.S.A. under the title:
The Be-With Factor
Copyright © 2006 by Willow Creek Association
Published by permission of Zondervan, Grand Rapids, Michigan.

Traducción: *Translations Solutions, Inc.*
Edición: *Carlos Peña*
Diseño interior: *Eugenia Chinchilla*
Adaptación de cubierta: *Cathy Spee*

ISBN - 978-0-8297-5028-7

CATEGORÍA: MINISTERIO CRISTIANO / JUVENTUD

IMPRESO EN ESTADOS UNIDOS DE AMÉRICA
PRINTED IN THE UNITED STATES OF AMERICA

08 09 10 11 ❖ 6 5 4 3 2 1

Otras obras de Bo Boshers:

- *Student Ministry for the 21st Century*
(con Kim Anderson)
- *Doing Life Witt God, Volumes 1 and 2*
(con Kim Anderson)
- *Becoming a Contagious Christian Youth Edition*
(con Mark Mittelberg. Lee Strobel y Bill Hybels)
- *Vision Moments*
(con Keith Cote)
- *G-Force: Taking Your Relatioship With God to a New Level*

Otras obras de Judson Poling:

- *Walking with God series*
(con Don Cousins)
- *Tough Questions series*
(con Garry Poole)
- *Pursuing Spiritual Transformation series*
(con John Ortberg y Laurie Pederson)
- *Interpretation: Discovering the Bible for Yourself*
(de la serie Biblia 101)
- *Taking the Old Testament Challenge: A Daily Reading Guide*
(con John Ortberg)
- *The Journey: A Bible for the Spiritually Curious*
(editor general)

Agradecimientos

Bo:
A Dan Webster, un verdadero ejemplo de mentor y un auténtico seguidor de Cristo. Gracias por invertir en mi vida, amigo mío. Estaré en deuda contigo por siempre.

Judson:
A Barry Zuercher, que me explicó el evangelio de una manera clara, con un corazón gentil y me guió en los primeros años. Hace tiempos no hablamos, pero siempre está en mi corazón.

A nuestras familias:

Bo:
Gracias Brandon, Tiffany y Trevor por su absoluto apoyo y aliento. Les amo y estoy muy orgulloso de ser su padre. Y a mi esposa y mejor amiga Gloria, eres una mujer asombrosa. Gracias por siempre estar ahí para mí. Te amo.

Judson:
Anna y Ryan, una vez más: «No hay n-a-d-a que pueda hacer para que deje de amarles». Deb, desde que dijiste «sí» a la luz de las luces de Chattanooga, me he preguntado cómo podría amarte más; y entonces, cada día, lo descubro.

Contenido

Introducción
¿Qué se necesita para ser mentor?

El hecho de que estés leyendo este libro demuestra que te preocupas por la generación actual de estudiantes. Ya sea que trabajes tiempo completo o parcialmente como pastor de jóvenes, voluntario con el ministerio, si un estudiante vive contigo o eres padre de un adolescente, el propósito de este libro es ayudarte a lograr el objetivo de convertirte en alguien determinante para esta generación. Hay muchos buenos programas y estrategias en los ministerios de jóvenes, pero creemos que no hay mejor manera de lograr transformación espiritual en la vida de un estudiante que a través de *El factor compartir*.

El apóstol Pablo escribió: «Pongan en práctica lo que de mí han aprendido, recibido oído, y lo que han visto en mí» (Filipenses 4:9). Todos los que servimos de alguna forma en el ministerio de jóvenes tenemos una pregunta difícil que responder: *¿cómo pueden los estudiantes poner en práctica lo que no vieron de cerca?* Si el ejemplo de Pablo en este versículo debe ser seguido en la actualidad, la respuesta parece obvia. Alguien tiene que estar cerca de los estudiantes para que sepan lo que necesitan poner en práctica. Creemos que esta persona eres tú. Cualquiera que sea tu rol actual con los estudiantes, queremos involucrarte en el juego de transformar vidas a través del mentoreo.

La mayoría de gente que «pega un vistazo» sincero a la situación del ministerio de jóvenes en la actualidad admite que hay un problema. Si lo que queremos lograr es un profundo cambio de vida y madurez espiritual, no estamos ganando la batalla. La respuesta no está en más y mejores programas. Creemos que el mentoreo puede ser solo la chispa que encienda la llama del necesitado fuego del avivamiento. *El factor compartir* es nuestra mejor y más brillante luz en el oscuro mundo de los estudiantes que se deslizan más y más lejos de Dios.

¿Y qué es *factor compartir*? Bueno, simplemente «compartir» con unos pocos estudiantes para mostrarles cómo piensa y actúa un seguidor de Cristo. Es que invites a uno o dos de ellos a tus actividades rutinarias para que se relacionen de manera personal durante tu día. Jesús lo hizo cuando escogió algunos hombres y mujeres; te pedimos que hagas lo mismo, entonces ocurrirá un cambio de vida duradero.

Oramos para que te conviertas en un mentor y que muestres a esta y a las generaciones venideras todo lo que implica ser un seguidor de Cristo. También esperamos que des una copia de este libro a otros y los alientes a hacer lo mismo: salir al campo de juego y ser determinante en una vida a la vez.

No solo estamos contentos de motivarte e inspirarte, también queremos darte herramientas prácticas. Este ejemplar tiene guías claras para que las relaciones de mentoreo empiecen bien, sean seguras y determinantes. Además, contiene un plan con el que identificarás paso a paso al estudiante en el que debes invertir y para que entiendas lo que necesitas «compartir» con el fin de que esa relación disfrute momentos edificantes.

También incluimos un plan de reuniones a través de seis lecciones para que inicies a «compartir» en seis escenarios separados. Estos bosquejos pueden ser encontrados en el anexo y usados en compañía del libro *El factor compartir, guía del estudiante* con el fin de darte todo lo que necesitas para iniciar una relación de mentoreo.

Una vez leas este libro, oramos para que permitas que el mensaje de 2 Timoteo 2:2 guíe tu vida: «Lo que me has oído decir en presencia de muchos testigos, encomiéndalo a creyentes dignos de confianza, que a su vez estén capacitados para enseñar a otros». El ministerio de encomendar y atesorar la vida espiritual de otros es un honor y es la manera en que Dios levanta a la próxima generación. Sin embargo, si escoges hacer esto, tendrás que enfrentar incertidumbres y obstáculos. No obstante, tratamos de anticiparnos a las mismas, por eso a estas nos referimos aquí. Estamos convencidos de que con un poco de entrenamiento y con tu corazón amoroso y espíritu dispuesto podrás hacerlo.

No estamos llamando a gente excepcional a hacer lo imposible sino a personas comunes a hacer una extraordinaria diferencia al imitar a Jesús; y eso es «compartir» con unos pocos.

Una cosa más. Agradecemos a los mentores del país que nos enviaron sus historias de cómo su inversión en unas pocas vidas fue determinante. Recibimos más anécdotas de las que pudimos usar en este libro, pero cada una es un recordatorio de la fuerza y poder del mentoreo. Ustedes, hombres y mujeres, nos permitieron ver sus vidas (tanto las suyas como las de quienes guiaban); y ahora muchos más entenderán la visión y compartirán la bendición de lo que puede suceder en relaciones de mentoreo intencional. Gracias entonces a Trevor Murphy, John Wooden, Coleman Falco, Wayne Bushnell, Alex Puatu, Dave O'Vell, Aaron Winkle, Dave Keehn, Tim Homa, Mike Berry, Chris Tompkins, Kevin Carter, Deb Matterom, Paul Jansen Van Rensburg, Sibyl Towner, Ronnie Rothe, Ann Healing, Mary Jo y Jay Mooncotch, Brian Schwammlein, Johnny McAuley, Nate Kingsbury, Amos Gray, Tony Schwartz, Lynette Rubin y Curtis McFarland. También un agradecimiento especial a Dave Whiting, Darren DeGraaf y Mike Lueth, que fueron mucho más allá en la revisión del manuscrito; nos compartieron su sabiduría y experiencia para hacer de este proyecto una mejor herramienta. Por último, pero no por ello menos importante, a Christine Anderson, que le dio su apasionado realismo a este trabajo y nos mantuvo en la tarea, nos enfocó el «parloteo sin sentido» que teníamos para que se plasmara en palabras coherentes en cada página. «Muy interesante chicos, pero volviendo al libro de mentoreo...». Christine, este proyecto no hubiera empezado ni finalizado sin tu ayuda. Gracias por compartir tus dones con nosotros.

Y ahora, mientras la ventana de la oportunidad de esta generación esté todavía abierta, da vuelta a la página y prepárate a cambiar la vida de un estudiante y también la tuya para siempre.

Capítulo uno

Una mentalidad

Si es importante, se puede medir. En los negocios son las utilidades; en la política, los votos; en los deportes, los puntos. Si estás leyendo este libro, eres parte de aquellos que provienen de todos los senderos de la vida y se preocupan por el desarrollo espiritual de los estudiantes. Es posible que seas un voluntario, un padre, un profesional en el trabajo con jóvenes o un pastor. ¿Cómo puedes medir la efectividad de lo que haces con los estudiantes? ¿Con la asistencia a las reuniones semanales? ¿Con el número de estudiantes en grupos pequeños? ¿En cuántos chicos van al campamento? ¿En cuántos de ellos se bautizan? ¿En cuán pocos estudiantes pierdes en el transcurso del año, comparados con la estadística del año pasado? ¿Contando las cartas de agradecimiento de los estudiantes, los padres o el pastor principal?

Por ese tipo de mediciones es posible que te sientas bastante bien al final del período ministerial... o quizás no. Sin embargo, ¿cuánto realmente sabes de tu ministerio si *solo* prestas atención a los elementos externos que se pueden medir con facilidad? Cuando revisas con tu corazón al final del periodo, ¿cómo te sientes en lo profundo de tu ser en referencia a lo que lograste? ¿Qué necesitaste para hacerlo? Es posible que haya tenido un enorme costo para tu familia o que tus amistades hayan sufrido. Entonces, *¿valió la pena?*

La recompensa

Yo, Bo, gracias a Dios, he estado trabajando en el ministerio de estudiantes de tiempo completo por más de veinte años. He enseñado a otros líderes sobre la visión y la construcción de ministerios de jóvenes que prevalezcan, la planificación estratégica, el desarrollo de equipos, la organización de certámenes grandes y, en una ocasión, lideré uno de los más grandes ministerios de estudiantes del país. A pesar de todas las recompensas que provienen de esto, una y otra vez me pregunté: *¿qué es lo que realmente importa? ¿Soy exitoso a los ojos de Dios?*

Permíteme llevarte a mis primeros años de trabajo con el Señor. Cuando apenas comenzaba el ministerio de jóvenes, tenía veintisiete años y era un cristiano nuevo; sabía muy poco lo que estaba haciendo. Había sido entrenador de fútbol americano, pero entonces Dios me llamó a un ministerio de tiempo completo. Conocí muchísimo en mis primeros años de liderazgo estudiantil. Mientras estuve sentado en un muro de ladrillos en Burbank, en el estacionamiento de una iglesia en California, aprendí una de las más importantes lecciones sobre lo que realmente importa.

Cada martes por la noche teníamos un certamen para evangelizar estudiantes de secundaria en nuestra iglesia. Trabajábamos duro para proveer un programa de calidad con el que los estudiantes cristianos pudieran invitar a sus amigos no creyentes a escuchar el mensaje de Cristo. Varios cientos de ellos venían por una noche de actividades deportivas y un programa que incluía drama, una banda en vivo y un mensaje. Nunca supimos qué esperar o qué haría Dios.

Después que el programa terminaba, el equipo de liderazgo, aproximadamente doce chicos de colegio y universidad, se reunían en un determinado lugar del estacionamiento. Tampoco era una reunión planificada, pero siempre, de manera espontánea, nos aparecíamos allí para sentarnos en un muro poco alto

y de ladrillos. Al principio éramos un montón de perso
estudiantes que venían por primera vez, o los asistentes re
lares que se detenían a saludar o a presentar a algún amigo.
En algún momento, los estudiantes se despedían y solamente
me quedaba con los chicos que mentoreaba: Coleman, Dave,
Troy, Trevor y Alex. Los seis éramos los últimos en salir; y era
en ese instante que comenzaba la narración de historias.

Había de toda clase: desde graciosas hasta conmovedoras.
Nos reíamos de lo que había salido mal esa noche, de lo regular del sonido y de la música, de los errores en la actuación,
algo que yo había dicho en el mensaje que no tenía sentido o
de lo sucedido durante las competencias deportivas. Luego,
la atmósfera cambiaba: pasábamos a hablar de las vidas que
estaban siendo cambiadas. Uno de los chicos estuvo orando
por meses para que un amigo asistiera a la reunión; finalmente
nos contó que se había presentado y le había gustado. Algunos
habían conversado con sus amigos sobre Dios y, justo en esos
momentos, Dios había comenzado a cambiar sus vidas. Otros
tenían amigos que daban señales de querer saber más sobre el
Señor. Cuando uno de ellos recibía a Cristo, era motivo de una
gran celebración.

Recuerdo que al mirar a estos jóvenes y escuchar sus historias, pensé: *esto es a lo que quiero entregar mi vida. Esto es
lo que realmente me importa.* Tenía una increíble sensación de
satisfacción cuando miraba a los ojos de aquellos estudiantes
que reflejaban su compasión, compromiso y amor por Dios.
Justo ahí, en medio de un estacionamiento vacío y sentado en
aquel muro, Dios me mostró en qué consistía el ministerio.
Esa es la razón por la que trabajé tanto y lo que me permitió
manejar todas las otras «cosas» que deben ser hechas en el
ministerio de jóvenes; esos momentos fueron la recompensa.

Cuando por fin nos despedimos y subimos a nuestros autos
para dirigirnos a casa, salí con un sobrecogedor sentimiento
de gratitud en mi espíritu. Aunque estaba cansado por la actividad del día, sentí una nueva energía y pasión por el ministerio; porque sabía que creíamos en ellos. Y, veinte años más
tarde, todavía me gusta «sentarme en un muro de ladrillos»,
mirar a los ojos de unos pocos estudiantes que conozco y los

amo para bien, ver su pasión, su deseo y su interés por cambiar el mundo.

¿Jesús tuvo éxito?

Imagínate por un minuto cómo podríamos medir la eficacia del ministerio de Jesús mientras estuvo aquí en la tierra. Damos por cierto que grandes multitudes lo siguieron en la cúspide de su popularidad. Sin embargo, solo ciento veinte se reunieron en un cuarto unas pocas semanas después de su muerte, que a propósito no fueron de los cientos que le aclamaron durante su entrada triunfal a Jerusalén ni los miles que se agruparon a escucharle en las colinas. Entonces, ¿a dónde fueron todos? ¿Qué de los líderes espirituales de su tiempo que prácticamente se opusieron en todos lados a él, su mensaje y sus métodos? Una fotografía tomada justo antes de Pentecostés parecería la de un ministerio en declive, incluso muerto en el agua, y no un movimiento que conmocionaría al mundo entero.

A pesar de todo este aparente «fracaso», Jesús declaró sin parpadear que había cumplido lo que el Padre le había encomendado (cf. Juan 17:4). Así que cualquiera que sea la medida del éxito de Jesús, él lo logró, pues dijo que había cumplido todos sus objetivos.

¿Cómo se explica esta discrepancia? ¿Cómo es que los resultados de su ministerio parecían tan miserables según un criterio dado, y aún así, sentirse tan satisfecho y en paz con sus logros? Creo que podemos encontrar la respuesta si observamos su ministerio desde otra perspectiva (cf. Amós 7:7). Necesitamos reevaluar nuestras definiciones de éxito y, en lugar de ello, debemos dar una cercana mirada al profundo impacto que hizo en unos pocos individuos clave.

El impacto de Jesús implicó una profunda transformación personal en el alma de aquellos a los que tocó. Sus vidas fueron radicalmente alteradas, incluso sin su completo entendimiento de cómo o qué abarcaba. Al pasar de los meses y los años, descubrieron cuán profundo y permanente había sido el «impacto de Jesús».

Regresemos por un instante a los días inmediatamente después de que el ministerio terrenal de Jesús terminó. Allí encontramos a María Magdalena, liberada de una atadura demoníaca, convertida en la primera mensajera de la resurrección de Jesús, y a Pedro, que a pesar de haber andado con rodeos en un tiempo de prueba, regresó y predicó con poder ante miles. Felipe fue parte de un reavivamiento en Samaria luego de la resurrección, e incluso guió a un oficial etíope a la fe en Cristo. Juan proclamó con valentía a Jesús, sufrió múltiples arrestos y soportó, gracias al gozo, un azotamiento. Los doce originales (a excepción de Judas) se convirtieron en fructíferos siervos del nuevo movimiento de Jesús, pero también afrontaron el rechazo, la persecución y muchos, hasta la muerte.

Jesús *fue* un éxito a pesar de sus reducidos números, porque la medida que importaba no era el conteo de personas a corto plazo. Creemos que el estándar con el que Jesús midió su éxito, y con el que también debemos medir el nuestro, *fue por el profundo y duradero cambio que tuvieron unas pocas personas*. Tal como Dallas Willard lo ha sugerido, los cristianos deben ser pesados, no solo contados.[1] La notoriedad pública de Jesús tuvo poco que ver con el efecto más duradero que causó en el promedio de «Pedros» y «Marías», y el subsiguiente efecto (a través del poder del Espíritu Santo) que ellos, y no las masas, tuvieron en el mundo. La vida y enseñanza de Jesús los impactó tanto que dieron el resto de sus vidas naturales para perpetuar su trabajo. Para un tiempo como el nuestro en el que parece que un alto porcentaje de estudiantes de colegio que asistía a la iglesia ya no está conectado a ninguna otra iglesia en los años siguientes a haber ingresado a la universidad, ¿no sería un resultado como ese un cambio alentador?

La transformación profunda de unos pocos que continúen influenciando a otros es la medida que te invitamos a adoptar; y la palabra que mejor lo define cómo lograrlo es el *mentoreo*. Es indudable lo bien que funcionó la metodología de Jesús; razón por la cual estás aquí, como su seguidor, veinte siglos más tarde y estás deseoso de guiar a otros a ser más como el

---

1. Dallas Willard y Dieter Zander, «The Apprentices» [Los aprendices], *Leadership Journal*, verano de 2005. www.christianitytoday.com/le/2005/003/2.20.html.

Señor. Un ministerio de jóvenes que sea completo no se puede reducir a una simple palabra, pero este no puede existir de forma saludable sin el desarrollo estratégico e intencional de jóvenes seguidores de Cristo. El hecho de que estés leyendo este libro sugiere que estás dispuesto a considerar tu rol; y nuestra oración es que Dios confirme tu llamado para cuando lo termines.

Jesús medía lo que importaba, por eso dio su vida para que sucediera un cambio duradero. Nosotros, que le seguimos, somos sabios al hacer lo mismo, y las buenas noticias son ¡que podemos hacerlo!

Ministerios grandes y pequeños

La simple verdad es que Jesús hizo lo correcto. Siempre se enfocó en las relaciones y su ministerio estaba en perfecto balance. Él se reunía y hablaba ante las multitudes, pero nunca permitió que el tamaño de esa congregación de personas o los halagos le hicieran pensar que había cumplido su trabajo. Sin embargo, mientras hablaba y ministraba a muchos, también encontró unos pocos hombres y mujeres jóvenes, en quienes invertir profundamente y con el poder del Espíritu Santo. Ese grupo de seguidores trastornaron el mundo (cf. Hechos 17:6). Esta generación necesita que esto suceda una vez más.

Creemos que los estudiantes esperan también que alguien les enseñe el camino. Eso es lo que hace tan emocionante el ministerio de jóvenes: invertir en unos pocos de ellos que hagan la diferencia, tal como Jesús lo hizo. ¡Qué privilegio ser parte de la formación de nuevas vidas!

Regresemos al inicio del ministerio de Jesús. No le tomó mucho tiempo atraer a los perdidos y llamar a gente específica a que se uniera a su movimiento. Sin embargo, en Marcos 3, da un paso más allá en su compromiso relacional. Leímos que luego de pasar una noche en oración, reunió y designó a unos pocos para que «lo acompañaran» (Marcos 3:14). Seleccionó a doce, y sabemos que hubo unos pocos más en este círculo íntimo, incluidas por lo menos tres mujeres (cf. Lucas 8:1-3). Aunque los milagros públicos y las enseñanzas eran el aspecto más obvio de su ministerio, lograría un trabajo profundo entre los pocos que le seguían día y noche. Caminando de un pueblo a otro, manejando a las multitudes, riendo, comiendo, durmiendo, sirviendo, el quehacer diario sería parte del entrenamiento que fundamentó su transformación.

Sabemos por la historia que era común para un maestro judío (conocido como rabí) reunir a su alrededor un grupo de personas, conocidas como sus discípulos (la palabra significa «estudiantes»). Jesús usó una técnica similar de asociación cercana en la vida diaria para enseñar a sus jóvenes discípulos. Él conocía el poder del ejemplo, sabía que se necesitaría más que un aula, libros o conferencias, más de treinta minutos de entrenamiento a la semana, para transformar a sus seguidores a su imagen y poner en marcha un nuevo movimiento mundial. Se necesitaría «compartir» con unos pocos e intencionalmente levantarlos con el tiempo para que su obra fuera establecida.

Por lo tanto, en el corazón de cualquier ministerio que busca emular a Jesús, sin importar cuán grande o pública sea su manifestación externa, debe haber un compromiso en sus líderes para mentorear a unos pocos en los aspectos cotidianos de la vida; eso es a lo que llamamos *el factor compartir*. Jesús lo vivió, y es el llamado de Dios para que todos los que lo seguimos hagamos lo mismo. Lo diremos de nuevo: para cualquiera que se interese por los estudiantes, el mentoreo es la más gratificante actividad en la que se puede involucrar. Sin duda, el ministerio de jóvenes implica trabajo duro, pero deben creernos, será mucho más duro si pierdes tu pasión. Si te niegas a «compartir» con unos pocos estudiantes en donde los verdaderos cambios de vida pasan, tu entusiasmo se enfriará. No puedes permitirte ver cambiadas las vidas a la distancia. El mentoreo te acerca. *Adicionalmente a lo que hagas, «comparte» con unos pocos para que ocurra un cambio de vida duradero.*

La Biblia y el patrón compartir

No solo encontramos el patrón compartir en Jesús, lo vemos funcionar a través de toda la Escritura. Otros líderes de Dios hicieron inversiones similares en el aspecto de las relaciones. Piensa en el ejemplo de Moisés: él guió a una enorme nación e invirtió en Josué, Caleb y Aarón, para luego pasar la batuta del liderazgo nacional a Josué; o de Elías: un profeta de Dios que llamó a Eliseo para que «compartiera» con él como su asistente para luego cumplir por «partida doble» con esa herencia profética (cf. 2 Reyes 2:9). Es más, Pablo mentoreó a los jóvenes Timoteo y Tito. Las palabras al primero de ellos son fundamentales para el modelo compartir: «Lo que me has oído decir en presencia de muchos testigos, encomiéndalo a creyentes dignos de confianza, que a su vez estén capacitados para enseñar a otros» (2 Timoteo 2:2). El legado de Pablo ayudó a esos hombres y a otros a tener fructíferos ministerios. Les dejó además escritos que son esencialmente sus notas sobre mentoreo; las mismas que todavía motivan a los líderes actuales.

Mirando las páginas de la Escritura y el estado de nuestro mundo postmoderno, nos damos cuenta de que la necesidad del mentoreo es incluso más evidente. Las elevadísimas tasas de divorcio y la falta de modelos estables de roles adultos hacen más imperativo que aquellos de nosotros que nos preocupamos por la juventud en el nombre de Jesús, involucrándonos de manera seria en el desarrollo intencional de unos pocos líderes potenciales a través del mentoreo. Como mentor, puedes jugar un importante papel para cambiar la destructiva moda que amenaza a toda una generación, y ayudar a levantar un liderazgo para que lleven a la iglesia a los desafíos y oportunidades del siglo veintiuno. ¿No vale la pena entregar tu vida a ello y hacer de esto el eje de tu ministerio?

Una ilustración del mentoreo

¿Cómo se ve exactamente el mentoreo en el mundo actual? En su forma más simple, el mentoreo es «compartir» la vida diaria. No es solo el tiempo entregado a un grupo pequeño formal o dar a los estudiantes lecciones de un programa de estudios planificado. Es pasar tiempo con ellos de forma individual; es llevarlos contigo a revisar alguna de tus tareas diarias o acompañarles mientras realizan las suyas. En esas experiencias comunes y cotidianas tienes puesto un ojo en ellos y un oído entonado a las advertencias del Espíritu Santo. Ellos te ven y aprenden cómo un creyente maduro lleva su vida (asumiendo que tú *eres* uno). También ven tus faltas; éstas también son parte del laboratorio del aprendizaje. De tus equivocaciones aprenden cómo las personas se apoderan de sus fracasos y convierten lo malo en bueno; cómo una persona puede admitir las fallas y seguir adelante; y cómo ser humilde siendo una «obra en construcción», en vez de ser alguien que lo tiene todo armado. En algunas ocasiones, el enfoque es en ellos, y comentas lo que ves; en otras, ellos hacen preguntas de lo que ven en ti. Esas palabras y experiencias, combinadas con las verdades de Dios, les proveen un mapa que los orientará a caminar con Dios y que hará la diferencia que él les llamó a hacer.

Una forma de vida

El mentoreo no es simplemente otra «cosa por hacer» en tu agenda semanal; puede convertirse en una parte natural de tu estilo de vida. Este ocurre en tu agenda mientras el estudiante está ahí contigo. En ocasiones, tan solo como una sombra, te ve y escucha mientras estás en tus reuniones. En otras, en un rol más interactivo, servirá, enseñará o hará trabajo ministerial contigo. Mientras haya reuniones formales con aquellos que estás mentoreando, los momentos realmente definitivos ocurren en las discusiones no planeadas y en las experiencias de aprendizaje espontáneo. Circunstancias imprevistas son en ocasiones el lugar donde ocurren los más profundos momentos de iluminación para el estudiante, o donde tú, como mentor, haces las observaciones más importantes para cambiar una vida. En resumen, el mentoreo es donde la vida cristiana es *alcanzada* y no *enseñada*.

Recientemente, yo, Bo, escuché lo siguiente de Ronnie, un líder al que mentoreé hace unos años. Permíteme compartir lo que me dijo:

«Bo, fíjate que el ministerio ha crecido a más de cien estudiantes. Ya encontré a los dos chicos en los que necesito invertir: John y Hunter. Me reúno con ellos por separado una vez a la semana para desafiarles, enseñarles y orar con ellos. ¿Te suena conocido? Sin embargo, sé que el mentoreo no ocurre en ese momento. Lo interesante es que en realidad estoy profundamente involucrado en sus vidas y ellos, en la mía. Los llevo conmigo a las citas que tengo con otros estudiantes, les invito a mi casa a ver fútbol americano y les permito participar de las decisiones ministeriales, así como roles de liderazgo que deben cumplir. Es muy divertido. Solo he trabajado con ellos por seis meses, y es asombroso ver lo que Dios está haciendo a través de nuestra relación. Los dos jóvenes se han involucrado mucho en nuestro ministerio, han descubierto cuáles son sus dones espirituales y están liderando de gran manera. Puedo ver cómo aumenta su pasión por alcanzar a sus amigos. Lo mejor es que ya quieren mentorear a otros. 2 Timoteo 2:2 está ocurriendo en mi vida. Gracias, Bo, por enseñarme la importancia del mentoreo. Lo emocionante es que no solo está sucediendo allá en Chicago sino también aquí en Alabama, y todo se remonta a cuándo me enseñaste *el factor compartir* a través de tu ejemplo».

Ann es también una líder que entiende el mentoreo como un estilo de vida. Tuvimos la oportunidad de trabajar juntos hace unos años en los que ella hacía un internado para mí. En la actualidad sigue destacándose como pastora de jóvenes en Virginia.

«Durante mi primer año en este ministerio tuve mis manos ocupadas y mi calendario repleto con todo lo que necesitaba aprender de mi nueva iglesia y el ministerio que debía liderar. Me entrevisté con unos pocos estudiantes aquí y allá, pero no pensé tener el suficiente tiempo y la energía para convertirme en mentora de uno solo de ellos. Lo sé, Bo, lo sé. Tú estás diciendo: "Es un estilo de vida, se supone que no debe enloquecerte sino plegarse a tu horario ya existente". ¡Sigue leyendo!

»Como una estudiante que asistía en ese momento a la secundaria había mostrado un alto potencial de liderazgo, decidí reunirme con ella en el verano para conversar sobre la posibilidad de liderar un grupo pequeño de estudiantes. Mientras lo hacíamos, me di cuenta, iluminada por el Espíritu, que esta era la chica con la que tenía que pasar más tiempo, a pesar de que mi calendario estaba repleto. Así fue como empezamos una relación de mentoreo. Nos reuníamos por lo menos una vez a la semana a comer panecillos con gaseosa dietética. Hacíamos caminatas, diligencias, servíamos juntas el domingo en la noche y básicamente vivíamos la vida así de unidas. Se convirtió no solo en una estudiante a la cual mentoreaba sino una amiga con la que servía.

»Comenzamos a hablar de nuestros dones y trabajamos específicamente en desarrollarlos. Ella superó enormes barreras y la vi salir de su zona de comodidad una y otra vez. Estaba asombrada con el serio deseo de esta joven de servir a Jesús. Por ejemplo, de vez en cuando me reunía con todos sus amigos no cristianos y los guiábamos en una especie de «grupo pequeño de buscadores». Luego de que empezamos esto y de que ella había hablado en público en algunas ocasiones, me contó que solía tartamudear cada vez que lo hacía, incluso si el grupo solo tenía tres o cuatro personas. Me dijo que había decidido decir sí a todos mis desafíos y pedirle a Dios fortaleza y coraje para servir en cualquier forma que pudiera, pero también que nunca más había vuelto a tartamudear desde la primera vez que dijo sí.

»Estaba muy honrada de haber sido parte de su jornada y de verla crecer como la hierba, de superar enormes barreras y destacarse en el reino. Sin duda, esto era lo más energizante de mi semana. Una vez que comencé a mentorear, no solo encontré el tiempo para hacerlo sino que me di cuenta que era el propósito de lo que Dios me había llamado a hacer».

No mejores amigos

Mentoreo no es lo mismo que una amistad de dos al mismo nivel. Aunque el mentoreo es amigable, el mentor no es solo un amigo. El mentoreo no es paternidad y no es terapia tampoco. Un mentor es alguien que tiene madurez, experiencia de vida, una edad mayor a la del estudiante (tal vez unos pocos años), alguien deseoso de construir y ser un modelo de vida para quien mentoreará. De forma ideal, el mentor es un adulto (más de veintiuno) y el estudiante es un joven de colegio (de doce a dieciocho años de edad). Como mínimo, el mentor debe estar en un «nivel de vida» mayor del estudiante.

Una aclaración: en ocasiones, en el mundo de los negocios, la gente habla de «encontrar un mentor». Usualmente, esa persona tiene una destreza específica, y el mentoreo se centra alrededor del desarrollo de la misma. Sin embargo, cuando mentoreas a un estudiante, eres más un «conocedor de la vida en general» que alguien con una pericia específica. Los asuntos de los que puedes hablar comprenden casi cualquier área de la vida.

No buscar resultados rápidos

Hay otros aspectos en una mente orientada al mentoreo. Un buen mentor sabe que invertir en un estudiante no necesariamente dará su recompensa a corto plazo; por eso no se desalienta. La razón por la cual la falta de resultados inmediatos es aceptable es porque el mentor tiene un panorama más amplio: la perspectiva de una vida cambiada a largo plazo; por eso está contento con «plantar un árbol bajo el cual alguien más se sentará». Un buen mentor también sabe que no debe preocuparse por tener cada detalle planeado cuando se reúne con el estudiante; él o ella están listos para cualquier cosa y son capaces de responder a la necesidad que plantee el momento. Un mentor cuenta lo que sucede en su vida, sus experiencias y momentos con Dios, y saca «tesoros nuevos y viejos» para el estudiante (cf. Mateo 13:52). Además, sabe que «hay más dicha en dar que en recibir» (Hechos 20:35). Dar al estudiante es más que equitativo, pues devuelve toda la energía y el entusiasmo que el mentor invierte a través de su ministerio.

El último punto es especialmente importante que lo entiendan los pastores de jóvenes. En medio de un apretado horario ministerial, mentorear puede parecer un requerimiento imposible de realizar, casi como tratar de imponer a la fuerza una agotadora experiencia más al ya peligroso y sobrecargado calendario. No obstante, la verdad es que el mentoreo es un esfuerzo revitalizante y energizante, pues te mantiene en el juego y aviva el fuego de tu entusiasmo por el trabajo. Al final de una temporada de ministerio, ser capaz de ver a un estudiante o dos que en realidad hayan crecido y cambiado de una manera profunda es la mejor recompensa que te ayudará a decir sí a otro año para que «pongas tu mano sobre el arado». Pastorear a todo el grupo de jóvenes tiene sus propias recompensas, pero mentorear a uno o dos de ellos puede hacer la diferencia entre renunciar y quedarse, entre la indiferencia y amar a aquellos que guías. Y, en la vida, no hay nada más satisfactorio que ver a un grupo de ellos que continúen dejando su marca en las vidas de quienes les rodean.

Dave era un joven de diecisiete años cuando yo, Bo, lo conocí por primera vez. Estaba muy impresionado por lo brillante que era y por su corazón deseoso de conocer la Palabra de Dios. Ahora ya es todo un adulto y tiene una maestría en Divinidad. Fue grandioso escuchar lo que recordaba más de nuestra relación de mentoreo:

«Tú y yo éramos como "tacos con Coca Cola". Algunos de los mejores momentos que tuvimos juntos fueron comiendo o conversando en el estacionamiento, luego de salir de la iglesia. Que apartaras tiempo para charlar fue determinante en mi vida. Es el efecto acumulativo de muchos meses de tiempo casual pasado juntos lo que hizo impacto. Tus ideas, valores y prioridades fueron transmitidos en la conversación diaria.

»Recuerdo tu vulnerabilidad al admitir que hubo errores durante algún certamen ministerial. Tu filosofía de «nos reiremos de esto más tarde» hizo mucho más fácil manejar el ministerio; nos ayudó saber que no estabas sosteniendo una vara sobre nosotros en espera de golpearnos la cabeza. El solo hecho de vivir juntos a través de las fallas nos permitió verte bajo presión y ver el fruto del Espíritu, o el crecimiento que todavía se necesitaba.

»Por supuesto, hubo momentos «formales» de enseñanza, exhortación, corrección, etc. Sin embargo, son los encuentros personales, los momentos que teníamos uno con otro los que más permanecen en mi memoria.

»Pienso en cómo los discípulos, años después de que Jesús ascendió al cielo, debieron haber recordado los momentos personales con él, las pequeñas cosas que hizo y dijo, la vergüenza de los errores que ellos cometieron. Quizá lo que más extrañaban eran los momentos de "tacos y Coca Cola"».

Las medidas correctas

Al inicio de este capítulo hablamos de lo que la gente mide en la vida. El ministerio de estudiantes no es un trabajo ni una oficio de políticos ni una competencia atlética. Las ventas, votos y puntos no cuentan con Dios, pero esto es lo que importa y lo que un mentor mide: el cambio de vida en algunos estudiantes para que se parezcan a Cristo. Nosotros sabemos que quieres ver que esto suceda. Es por ello que el desafío de convertirte en un mentor es tan importante. Eso es lo que los mentores esperan, por esa razón ordenan sus vidas para que esto suceda. Los mentores adoptan esta mentalidad porque escuchan la orden del Dios cuyo ejemplo siguen, sienten la satisfacción de una vida bien invertida, dejan un legado, y tienen el nombre de una persona joven escrito en sus vidas.

Nuestra pregunta es: *¿qué estás dejando?* ¿Por qué no haces un alto para orar en este momento y le pides a Dios que te muestre con quién necesitas «compartir»? ¿Quiénes son esos pocos en quienes necesitas invertir tu vida? Piensa en los nombres de dos estudiantes mientras lees el resto de este libro y pídele a Dios que te dé la mentalidad de un mentor. La construcción de tu legado empieza ahora.

El mundo real

Después de leer cada capítulo, te anticipamos que es posible que te preguntes cómo se relaciona todo esto contigo. Quizá estás todavía en la oscuridad con respecto a algo, o es posible que sientas frustración porque parece que no entendemos tu situación. Algunas personas en las trincheras del ministerio de jóvenes que leyeron nuestros primeros borradores *sí* nos hicieron preguntas puntuales. Al cerrar cada capítulo vamos a tomar sus preguntas y otras que posiblemente tengas, y veremos si podemos darte algunas respuestas rápidas para aclararte cualquier confusión existente.

Estupendo concepto, suena valioso, pero ustedes sencillamente no entienden mi vida. No tengo tiempo para lo que

ya estoy haciendo, mucho menos para tratar de mentorear a alguien.

Entendemos las ocupaciones, en realidad lo hacemos, pero si estás en un ministerio de tiempo completo, no hay sustituto para dar el ejemplo de lo que quieres que los otros líderes hagan, y eso es producir un cambio de vida. Mentorear es la manera más efectiva de lograrlo; y recuerda, te estamos alentando a hacer esto como parte de tu vida (lo veremos con detalle más adelante). No te pedimos que incluyas más reuniones y actividades. De alguna manera, esto es lo más fácil que harás durante la semana: sencillamente estar con un estudiante mientras realizas lo que harás de todas formas. Y si eres un voluntario, se aplica lo mismo. Solo lleva un estudiante contigo a través de tu vida. Te lo prometemos, no creerás cuánto te energizará tener esta clase de relación.

Soy pastor de jóvenes y me evalúan con base a los números de los que hablaron sin mucha importancia. ¿Qué hago?

Una buena idea sería que hagas leer este libro a los que te evalúan; les ayudará a ver tu corazón. Recuerda, el mentoreo no te alejará del cumplimiento de tu trabajo. En lugar de ello, será parte de tu ministerio y de tu vida en muchas maneras positivas. Nuestro clamor es que esto se convierta en una opción de vida. Con el tiempo, los líderes de la iglesia (y por ende, todo tu equipo) lo verán de esa forma. Pronto serán testigos de los beneficios que hay en las vidas de los estudiantes y de los que obtienes como líder. Esto también es una verdad aplicable a quienes son voluntarios en el ministerio de jóvenes. Sabemos lo mucho que tienes por hacer, pero sigue sirviendo, sigue compartiendo tu vida y manteniendo un estudiante cerca de ti para que viva en tu compañía. Estás haciendo un gran regalo y te sorprenderás de lo mucho que recibes a cambio.

Soy líder de un ministerio muy pequeño sin ninguna ayuda. ¿Cómo se supone que debo hacer el mentoreo? O, soy líder de un ministerio muy grande con muchos voluntarios. ¿Cómo se supone que debo hacer el mentoreo?

Hemos descubierto que el tamaño del ministerio tiene muy poco que ver con el poder ser o no mentor. El valor del mentoreo es el mismo, ya sea que el ministerio sea grande, pequeño o algo entre ambos. Tenemos testimonios de pastores de jóvenes y voluntarios de todos los tamaños de ministerios concebidos: afirman al unísono que una vez que te comprometes con esto como un estilo de vida, te energiza en lugar de «drenarte». En otras palabras, este compromiso no debería hacer tu vida más difícil; las oportunidades son que seas bendecido, enriquecido y energizado al convertirte en mentor.

Guío líderes, no estudiantes. ¿No fue eso lo que hizo Jesús, invertir en los líderes en lugar de ocuparse de todos?

En realidad, Jesús lo hizo todo. Enseñó a las masas, trabajó con sus discípulos, sanó a los individuos, amó a los niños pequeños... Él tuvo un ministerio pletórico, por eso deberías hacer lo mismo. Como líder, es necesario que inviertas tanto en los líderes como en los estudiantes. Ten cuidado de no aislarte de la gente a la que quieres servir (los estudiantes). Una relación cercana con unos pocos estudiantes te será muy útil. Además, no tiene porqué alejarte de la importante inversión en los líderes de tu ministerio; creemos que te respetarán más si estás con ellos en las trincheras y si tienes algunas historias ciertas de lo que has vivido con los estudiantes. Confía en nosotros, te sentirás satisfecho y creemos que te dará más capacidad de liderazgo, no menos.

Resumen del capítulo

Versículo a recordar:

«Así nosotros, por el cariño que les tenemos, nos deleitamos en compartir con ustedes no sólo el evangelio de Dios sino también nuestra vida. ¡Tanto llegamos a quererlos!» (1 Tesalonicenses 2:8).

El estándar por el que Jesús midió el éxito de su propio ministerio y por el que debemos medir el nuestro fue el cambio profundo y duradero en unos pocos. La palabra que refleja la mejor manera de lograr este cambio es «mentoreo». En su forma más simple, el mentoreo es «compartir» con un estudiante la vida diaria. En primera instancia, el mentoreo no es otra cosa «por hacer» en tu agenda semanal sino parte natural de tu estilo de vida. Como mentor de estudiantes jóvenes, puedes jugar un importante papel si le das la vuelta a la tendencia destructiva que amenaza a toda una generación y ayudas a construir un grupo de líderes que lleven a la iglesia al siglo veintiuno.

Capítulo dos

Una estrategia guía

La palabra *estrategia* proviene de un vocablo griego que hace referencia a un general militar. La definición básica de este término está relacionada con la batalla: «La planificación y metodología utilizada por un general para ganar una guerra».

Hay una guerra allá fuera

Como mentor, eres el general de un ejército que está peleando por el bienestar y futuro de los estudiantes. No es una exageración decir que en ocasiones hacer esto monta un contraataque al mismo diablo, que no solo tiene como objetivo el estudiante sino todo el bien potencial que una persona joven pueda dar en el mundo. Sin embargo, no peleamos solos esta guerra, pues de la mano con otros como padres, maestros, pastores y amigos, enseñamos al estudiante a colocarse la armadura de Dios y peleamos a su lado cuando llegan las batallas. No hay prisioneros en esta guerra. La inversión es alta y el ganador se lo lleva todo. De modo que, como mentor, debes estar en esta pelea para *ganar*.

Cuando se trata de mentoreo, ¿cuál *es* exactamente la guerra? ¿Y cómo ayuda esta labor a ganarla? Creemos que la guerra gira alrededor del alma y la madurez de todo estudiante. El apóstol Pablo describió los objetivos de su ministerio cuando usó una metáfora militar; sus palabras son apropiadas también para los mentores: «Destruimos argumentos y toda altivez que se levanta contra el conocimiento de Dios, y llevamos cautivo todo pensamiento para que se someta a Cristo» (2 Corintios 10:5). Los mentores están junto a los estudiantes para modelar la forma en que ellos practican esto en sus vidas y para ayudarles a ganar sus propias batallas.

Ahora bien, la batalla no es necesariamente dramática. Algunos de los enemigos son simplemente la ignorancia o la falta de experiencia en la vida. Algunos de los adversarios son influencias externas que podrían descarriar al estudiante. Algunos de estos son producto de la inmadurez interna que lo mantiene atado; otros son fuerzas malignas que trabajan en el mundo espiritual y que buscan destruirnos. Para vencerlas, necesitamos perseverar en la oración y resistirlas siempre.

> «Porque nuestra lucha no es contra seres humanos, sino contra poderes, contra autoridades, contra potestades que dominan este mundo de tinieblas, contra fuerzas espirituales malignas en las regiones celestiales … Manténganse firmes, ceñidos con el cinturón de la verdad, protegidos por la coraza de justicia, y calzados con la disposición de proclamar el evangelio de la paz … Además de todo esto, tomen el escudo de la fe … Tomen el casco de la salvación y la espada del Espíritu, que es la palabra de Dios. Oren en el Espíritu en todo momento, con peticiones y ruegos. Manténganse alerta y perseveren en oración por todos los santos» (Efesios 6:12, 14–18).

Puesto en palabras sencillas: «Resistan al diablo, y él huirá de ustedes» (Santiago 4:7). Debemos hacer esto, tanto por nosotros, como por la siguiente generación.

Una estrategia intencional

¿Cuál es la estrategia del mentoreo? ¿Cómo ganamos la batalla sobre todo aquello que se interpone en el camino del crecimiento de un estudiante hacia una madurez cristiana? Si hay una palabra clave que no podemos olvidar, esa es «intención». La relación de mentoreo es una relación intencional. Todas las actividades en las que te involucras implican este principio: tu intención es ayudar al estudiante a crecer, y esa intención te guía a seleccionar las actividades o palabras que comprometan tu experiencia de mentoreo. Es más, sabes lo que estás tratando de hacer y estás determinado a encontrar la manera de ayudarle.

El mentoreo debe ser real. No tiene sentido ser un engaño y una falsedad. No puedes tratar de verte mejor de lo que en realidad eres, y las cosas que hablas con tu estudiante deben ser ciertas. Deben relacionarse con la vida real al tiempo que los estudiantes las experimentan, no con una bien pulida y artificial cursilería espiritual. Habrá alguna enseñanza, pero no eres un profesor de Escuela Dominical. Y aunque es posible que el estudiante sea un pupilo, recuerda que no estás en el aula.

Si Jesús hubiera dicho en la gran comisión: «Enséñales todo lo que les he mandado a ustedes»; bastaría solo con las aulas para hacer el trabajo. Sin embargo, lo que dijo fue: «(enséñenles) a *obedecer* todo lo que les he mandado a ustedes» (Mateo 28:20, *énfasis añadido*). Aulas, programas semanales y Escuelas Dominicales no son suficientes para que esto suceda. La obediencia se aprende en la escuela de la vida. Y eso requiere mentoreo.

Broma pesada, lección práctica

Era viernes por la noche y yo, Bo, estaba cansado. Habíamos tenido un magnífico tiempo en la fiesta del ministerio de jóvenes, pero junto con mi esposa Gloria estábamos listos para regresar a casa. Al despedirnos y caminar hacia la puerta, vi a Chris sonriéndome y mirándome de cierta forma, cosa que me dio la impresión de que tramaba algo.

Y bueno, yo había sido su mentor por casi dos años. Él tenía diecisiete años, era un líder natural y tenía un lado gracioso que de verdad me gustaba. Sus amigos tenían puestos sus ojos en él, pues era en realidad influyente en su colegio. Además, siempre bromeaba, lo que en ocasiones era un problema. Aunque era demasiado gracioso, en ciertos momentos no sabía cuándo parar. En más de una ocasión, sus chistes lastimaron a la gente.

«Oye, Bo, pasé una gran noche —me gritó Chris del otro lado del salón—. Disfruta tu regreso a casa».

Me di la vuelta y miré a Chris como diciéndole: «Mejor no te metas conmigo», mientras caminaba hacia la puerta. Lo primero que pensé fue: *apuesto a que este inquieto y terrible joven envolvió mi carro con papel higiénico*. De alguna forma estaba en lo correcto. Cuando llegamos al auto, solo vi un par de hojas de papel higiénico. Me relajé y pensé: *fue inteligente en no meterse conmigo*.

Sin embargo, cuando mi esposa y yo salimos a la calle, noté unos pedazos más de papel colgando del árbol del jardín delantero. *Bastante bueno, Chris, pero fuiste listo en no ir demasiado lejos*, pensé. Entonces, cuando abrimos las puertas y caminamos al jardín delantero, ambos nos percatamos que había una tira de papel higiénico en la manija de la puerta de nuestra casa. Mi esposa me miró horrorizada. Cuando abrí la puerta, lo único que podíamos ver era una telaraña blanca gigante. Había de ese papel en todas partes, en realidad quiero decir *en todas partes*. Comencé a reír, pero Gloria estaba al borde de las lágrimas.

Pues bien, Chris y dos amigos suyos habían duplicado la llave de mi casa y habían usado más de doscientos rollos de papel higiénico dentro de ella. ¡Sí, doscientos rollos! Nos tomó más de una hora recoger el suficiente papel higiénico como para poder caminar por la casa.

Mientras limpiábamos, el teléfono sonó. Me abrí paso a través de la «red» y encontré el teléfono. «Oye, Bo, espero que estés disfrutando tu regalito —dijo Chris con un tono gracioso que parecía decir: "¿Qué piensas de mí ahora?"».

Por fin, la tristeza y el enojo de mi esposa me hicieron darme cuenta que necesitaba hablar algunas verdades con él.

—Estaré mañana a las ocho en punto en tu casa para recogerte. Prepárate. Tenemos que hablar.

—Oye, Bo, ¿estás bien? —me preguntó Chris—. ¿Estás enojado?

—Es tarde. Hablaremos en la mañana.

Entonces, a la mañana siguiente, mientras conducía hacia su casa, pensé en lo que podía hacer para sentarle un buen precedente. Y bueno, la cosa es que pensaba que de alguna manera había permitido que esto me sucediera, pues no le había ayudado a comprender lo que era un comportamiento apropiado. Pensaba en los chistes que hacíamos y en las veces en que ambos habíamos participado en bromas pesadas. Me di cuenta de que no le había dado un buen ejemplo. Por eso tenía que hablar en serio con él sobre las cosas que ambos habíamos hecho mal.

Le recogí y fuimos a tomar un café. Le hablé con honestidad, desde el corazón, de mi ira y mi decepción. Aunque me había reído brevemente cuando abrí la puerta, él había entrado sin permiso a mi hogar e invadido nuestra privacidad. Cuando duplicó la llave y forró de papel higiénico la casa, incluso nuestra habitación, rompió nuestra confianza. Le dije entonces que había ido demasiado lejos, y que tenía que pedirnos perdón. Él lo reconoció inmediatamente. Dijo que lo sentía y se ofreció a hacer cualquier cosa para remediar la situación. Le dije que podía empezar por pedirle perdón a Gloria.

Luego le pedí perdón a Christ, y le dije que sentía mucho no haberle dado un buen ejemplo. Propuse un desafío para ambos, algo que debíamos hacer juntos: quería que cambiáramos la manera en que veíamos la diversión. En lugar de hacer bromas pesadas, buscaríamos oportunidades para servir a la gente de una manera radical y creativa; ayudar en lugar de herir, avergonzar o burlarnos de las personas.

Cuando terminamos nuestro café esa mañana, me di cuenta una vez más de cuán importante era mi ejemplo en esa relación de mentoreo. Incluso cuando hicimos una lluvia de ideas sobre formas creativas de ayudar a otra gente, pude sentir un totalmente nuevo nivel de relación. Había un sentir diferente en nuestra conversación; sabía entonces que estaba en el camino correcto. Además, él también crecería al pedirle perdón a Gloria. Por mi parte, me sentía bien por la forma en la que le mostré cómo un esposo respeta, se preocupa y defiende a su esposa. La broma pesada de Chris se convirtió en una serie de lecciones prácticas; y el salón de clases era la vida misma.

La estrategia de Dios para hacer adultos

La primera relación que forma y existe entre los seres humanos es la que hay entre padres e hijos. Una de las estrategias clave de Dios de ese programa de entrenamiento se encuentra en Deuteronomio 6:6-7, que dice: «Grábate en el corazón estas palabras que hoy te mando. Incúlcaselas continuamente a tus hijos. Háblales de ellas cuando estés en tu casa y cuando vayas por el camino, cuando te acuestes y cuando te levantes». Como ven, no se menciona ningún salón de clases. Por el contrario, el escenario es la vida cotidiana. Cada momento en la vida es una oportunidad de aprender. Además, es donde el carácter y los valores son el currículo: sentados alrededor de la casa, caminando hacia algún lugar, preparándose para ir a la cama, o junto a una taza de café en la mañana, luego de una broma pesada que fue demasiado lejos. Es como si Dios dijera: «¿Quieres que tu hijo comparta contigo tus valores, los valores que yo te di? Ellos tendrán que ver estos valores unidos a tu vida tan consistentemente que, sin importar lo que hagas, brotarán de ti».

Seamos claros al respecto, ser mentor no es ser padre, pero guardando el debido respeto, el mentoreo usa el mismo método que el Señor dio a los padres de «sentados en la casa o en el camino». De modo que el mentoreo puede reforzar lo que los buenos padres hacen y usa herramientas como el amor, el ejemplo, el escuchar, la retroalimentación y el contacto significativo en una variedad de contextos de vida.

He aquí otras útiles diferencias:

Un mentor no es un tutor, pues este último es un experto en un tema y ayuda al estudiante a aprenderlo. Sin embargo, el alcance de un mentor es mucho más amplio, y se refiere más a la vida en general.

Un mentor no es un consejero profesional. Un estudiante con un problema emocional continuo no solo debería tener un mentor que le ayude sino también un consejero cristiano calificado.

Un mentor no es un profesor. No eres un instructor en un salón de clases, pues el objetivo no es ayudar al estudiante a dominar un determinado material. Los mentores trabajan a través de la vida, no de los libros.

Un mentor no es líder de un grupo pequeño ni un pastor, aunque pueden ser parte de este ministerio también. Los líderes de grupo pequeño tienen más estudiantes (habitualmente de cuatro a diez) y se basan en un currículo o en un libro de estudio. El cuidado de un pastor normalmente se extiende más allá de uno a tres estudiantes de los que se ocupa un mentor, y la relación no es tan profunda como la de mentoreo. Además, la relación de un pastor puede ser entre dos personas en semejantes condiciones, y no la que hay entre adulto y estudiante.

Por otro lado, mentoreo no es lo mismo que discipulado. Esta diferenciación es quizá la más difícil de establecer, y en parte porque varios cristianos definen la frase «discipular» de maneras diversas, y en parte porque *son* considerables las coincidencias parciales, sin importar cuál sea la definición. Debido a todo el equipaje y la confusión, preferimos usar el término «mentoreo» para lo que hacemos, aunque incluso algunas personas que lean este libro puedan decir que lo que estamos promoviendo es un discipulado básico. La mayoría de literatura referente al discipulado que hemos visto destaca el uso de un currículo para ayudarse a edificar un carácter cristiano o disciplinas espirituales. El énfasis en mentoreo está más en el factor «compartir» que en el currículo (incluso si se usa uno).

La estrategia de Jesús

El Señor quería que hubiera un cambio de vida en aquellos que le seguían. ¿Cómo esperaba que eso ocurriera? ¿Acaso pensaba que con solo hablarles a sus seguidores se transformarían? ¿Les otorgó poder espiritual instantáneo y madurez? ¿Les dio un manual para el comportamiento cristiano y les pidió que lo dominaran? ¿Ofreció una conferencia o planificó un gran certamen para el fin de semana? ¿Les inscribió en una escuela cristiana de la localidad e iba a revisar con periodicidad su progreso?

Pues bien, leamos de nuevo el siguiente verso de las Escrituras: «Subió Jesús a una montaña y llamó a los que quiso, los cuales se reunieron con él. Designó a doce, a quienes nombró apóstoles, para que lo acompañaran» (Marcos 3:13-14). Para prepararlos, tendrían que... *¿hacer qué?* El texto es claro: *acompañarle.*

La palabra «acompañar» sobresale en la página, ¿verdad? Es más, tenía una profunda importancia para aquellos que él escogió como para nosotros. «Acompañar» es la esencia del programa de Jesús para convertir a unos pescadores en pescadores de hombres. Podemos ver en Deuteronomio 6 que este acto es el núcleo que transforma a los niños en adultos vitales, espiritualmente hablando. Esa es la razón por la que los estudiantes necesitan mentores y el porqué, como mentores, necesitamos reconocer que el mentoreo es la esencia al ayudar a los estudiantes a crecer en su total potencial de salvación. El modelo «compartir» es la ventaja del mentor; es el plan de batalla y la forma en que la ganamos.

Ahora bien, piensa en cómo debió ser para los discípulos estar con Jesús. Ellos fueron capaces de verlo en cada escenario posible. Estaban asombrados de sus habilidades para realizar milagros, pero también conmovidos por la responsabilidad personal que tenía con ellos. Además, observaban y escuchaban mientras él enseñaba a las multitudes, pero también cuando separaba tiempo para hablarles personalmente, después de que toda la gente se había marchado. Al caminar entre un pueblo y otro, la conversación debió abarcar todos los temas imaginables, pues iban juntos a bodas, funerales y banquetes, y muchas de las historias de estos momentos compartidos están registradas en las Escrituras para nuestro beneficio también. Por eso los discípulos veían a Jesús comer, dormir y todo lo demás. Era una relación única y personal.

Piensa en el impacto en sus vidas cuando les dedicaba el tiempo necesario para hablarles de una manera muy personal. Qué gran diferencia entre escuchar hablar *sobre* la necesidad de amar y servir a otros, lo cual, sin duda, los discípulos deben haber escuchado predicar en sus sinagogas desde que eran unos niños; y que Jesús lavara sus pies para ilustrar esa clase de amor con hechos. El agua en sus pies, las ásperas manos de Jesús sosteniendo la toalla, sus rodillas dobladas ante ellos en humilde actitud de servicio... Estoy seguro de que cada discípulo debió llevar esa imagen y las sensaciones corporales de ese momento por el resto de sus vidas. Por supuesto, sus enseñanzas e historias eran magníficas lecciones que dejaron huella, pero la interacción personal que el Señor tuvo con sus más cercanos seguidores, seguro cambió sus almas hasta lo más profundo.

El programa de entrenamiento de Jesús también incluyó tareas ministeriales. En varias ocasiones les envió en parejas en viajes cortos para que practicaran lo que habían aprendido. Imagina las conversaciones alrededor de la fogata en la noche en que regresaban. Por lo que nos cuentan los Evangelios, hablaban sobre cuán asombrados estaban por lo que Dios había hecho. Entonces Jesús les retroalimentaba con palabras específicas, tanto para motivarles como para desafiarles personal y teológicamente (cf. Lucas 10:17-24). Ellos tuvieron la oportunidad de poner en práctica las lecciones «compartir» que les había enseñado, luego de lo cual estaban listos para «acompañarle» en una sesión informativa, a fin de pasar al siguiente nivel de enseñanza.

¿Puedes visualizar el impacto que tendrás en unos pocos estudiantes si usas el plan «compartir» de Jesús? ¿Puedes ver cómo ellos estarán mejor preparados para enfrentar las batallas en las que se encuentran? ¿Te das cuenta cómo este plan puede ganar una generación de líderes jóvenes que cambiarán el mundo? Oramos para que así sea.

La implementación en el siglo veintiuno

Los mentores en nuestro tiempo trasladan el ejemplo de Jesús al momento de enseñar, luego envían a los estudiantes al ministerio, seguidos por una evaluación para ayudarles a aprender desde sus experiencias. En medio de esto separamos el tiempo para estar con los estudiantes a menudo y esperamos que Dios se haga presente. Incluso, si no hay avances ni una inolvidable conexión, los mentores continúan siendo un ejemplo. Aunque esto pueda ser duro, los mentores no se desalientan, mas confían que el proceso haga su trabajo con el tiempo.

Naturalmente, un mentor debe cumplir con responsabilidades diarias como el trabajo y las obligaciones familiares. Sin embargo, como mentor, «compartir» significa disponer tu vida, permitir que uno o dos estudiantes se unan a ti, compartan pensamientos, observaciones o simplemente estén juntos sin decir nada. En ocasiones, el mentor escoge una actividad especial de mentoreo: comer algo, asistir a un certamen deportivo, hacer una caminata o montar bicicleta, u otra reunión de esa naturaleza. La mayoría del tiempo, lo que se hace juntos es una actividad que se haría de cualquier forma, incluso si los estudiantes no estuvieran allí.

Por ejemplo, puedes llevar a un estudiante contigo cuando vas de compras; o si tienes que hacer algo de la casa o trabajar en tu auto, hazlo con el estudiante. Si te gusta correr, si montas bicicleta, háganlo juntos. Si tienes que conducir haciendo diligencias, lleva al estudiante y platiquen mientras lo haces. Si tienes hijos, llévalo mientras cumples algunas de las responsabilidades que la paternidad conlleva (con la advertencia de no privar a tus hijos de su tiempo a solas contigo). Es posible invitarlo a que se convierta en tu sombra mientras realizas tu trabajo diario o cuando cumples alguna otra responsabilidad como voluntario que no involucre directamente al estudiante, pero que le brinde la oportunidad de que te vea en acción. Por eso, haz que se una a ti cuando estés con tus amigos adultos. Aunque no tengas discípulos viviendo contigo como Jesús lo hizo, todavía puedes tener un impacto poderoso si usas una amplia variedad de escenarios en los cuales estar juntos; y dado que esto es parte de tu vida diaria, no debería ser una carga. Recuerda, esto no es trabajo extra, no representa más tiempo alejado de tus seres queridos o tu familia. No es tiempo que se te quita del que necesitas para estar a solas; es un tiempo compartido al fluir la vida que vas a vivir de todas maneras. La diferencia es que puedes escoger «compartir» con unos pocos como Jesús lo hizo. Tú puedes hacerlo.

He aquí cómo el tiempo «compartir» sucedería en una típica semana:

Personal	Haz que el estudiante se te una en el gimnasio para una sesión de ejercicios el lunes.
Ministerial	Haz que se siente contigo en una reunión planificada el martes, después del colegio.

| Devocional | Ora con él y otros líderes antes del certamen del ministerio los martes por la noche. |
| Familiar | Invítalo a que se una a tu familia a una parrillada el sábado. |

No sería posible hacer tanto con un estudiante en una semana; este podría ser el plan para conectarse con dos o tres estudiantes o podría ser el ejemplo de tiempo «compartir» con un estudiante por unas pocas semanas. Fíjate que no has hecho nada diferente esa semana de lo que hubieses hecho de cualquier forma. Solo has incluido a un estudiante en una de esas actividades y ajustado tu estilo de vida, no tu calendario.

El mentoreo beneficia a los pastores de jóvenes y a los voluntarios

Si eres pastor de jóvenes o líder, es probablemente difícil imaginarte cómo puedes predicar, enseñar y liderar a todo el ministerio de manera apropiada sin un contacto personal profundo y continuo con unos pocos estudiantes (no solo el grupo). El mentoreo permite que tengas ese contacto. Obviamente, tu objetivo debería ser alcanzar el mayor número de estudiantes con el mensaje del evangelio, y sabemos lo que cuesta enfocarse en los parámetros a seguir para levantar y hacer crecer el ministerio. Cuando los estudiantes vienen a las reuniones de tu grupo en números crecientes, quieres que crezcan en su fe y se conviertan en seguidores maduros de Cristo, que impacten su mundo para él. Por eso mantienes programas de jóvenes para alcanzar y enseñar a la mayor cantidad de muchachos posible. No obstante, ya sea que hagas ese trabajo de grupo, cuando estás mentoreando a un estudiante, obtienes importantes detalles de su vida privada, que no experimentarías por la sola ministración de grupo. Ahora bien, debes proteger la privacidad de los estudiantes que mentoreas. Si eres un maestro, no sería apropiado usar las luchas de su vida como una fuente de ilustración en tus charlas públicas, pero la proximidad que ganas de una cercana asociación puede traducirse en hablar con mayor entendimiento, compasión y precisión, lo cual aumenta tu credibilidad con la audiencia.

Por otro lado, conocemos las presiones que puedes enfrentar como líder de jóvenes y cuán importante es levantar un equipo de liderazgo; pero debes encontrar un balance para ser de verdad efectivo. En ocasiones, los líderes de jóvenes se involucran en la extraña situación de pasar demasiado tiempo con los líderes u otros pastores de jóvenes; apenas pasan tiempo de calidad con los estudiantes, razón vital por la que se unieron al ministerio. Entonces, si eres un líder de jóvenes, ten cuidado con esta tendencia de alejarte cada vez más de la interacción personal con la generación a la que ministras para un cambio.

❥

Como líder, necesitas preparar y fortalecer a otros líderes. En lo personal, yo, Bo, amo liderar y entrenar líderes de líderes. Me encanta influenciar e invertir en ellos. Sin embargo, debemos permanecer en contacto con los estudiantes si en realidad queremos ser lo más efectivos posible. Es más, en lo personal, es lo que me ha mantenido en vigencia por más de veinte años. De modo que usa el don que Dios te ha dado para liderar e influenciar, pero también asegúrate de mantenerte en contacto con lo que Dios en última instancia te llamó a hacer: invertir en las vidas de los estudiantes.

Ya seas un pastor de jóvenes de tiempo completo o un voluntario, el mentoreo es igualmente beneficioso de otras maneras, pues aumenta tu pasión por el ministerio. Hay algo que sucede en esa relación que agrada a Dios y que enciende tu fuego y pasión por el ministerio en general. Los estudiantes a los que mentoreas tienden a verse a sí mismos como «propietarios» en el ministerio de jóvenes, por eso ejercen una influencia positiva en los otros estudiantes. Es también una manera de mantenerlos involucrados, pues existe la tendencia de alejarse a medida que se acerca el fin de sus estudios secundarios. Por eso, al mentorear un *estudiante* de nivel superior, no solo se mantendrá involucrado sino que inducirá a que sus compañeros mayores y menores lo hagan también.

Otro beneficio indirecto del mentoreo es la manera en que este impacta a otros voluntarios del ministerio. Ellos te ven de igual forma, y pueden decir si eres un mero teocrático que ha leído todos los libros correctos y estudiado los comentarios exactos, pero que no ha estado conectado de manera profunda con los estudiantes. Cuando ellos vean tu ejemplo de mentoreo, escuchen tus propias historias —no las de otros— y vean cómo esto ha enriquecido tu vida y añadido impacto a tus mensajes, lo más probable es que respondan a tu liderazgo, y su lealtad crecerá. Su satisfacción al servir en el equipo seguramente crecerá, porque se sienten parte de un grupo que de veras «lo logra» cuando se trata de buscar un alto nivel de integridad y un mayor impacto en el ministerio de jóvenes. Además, es posible que quieran mentorear a un estudiante también, lo que multiplica aun más el efecto positivo de lo que estás haciendo. El mentoreo, por tanto, puede jugar un rol importante al transformar a los grupos de chicos en ministerios de jóvenes.

***

Un estudiante de los últimos niveles de secundaria escribió esto a su mentor, un pastor de jóvenes:

«Más allá del hecho de que eres un amigo y un líder espiritual, lo más importante que hiciste para ayudarme a crecer como cristiano fue darme el sentido de pertenencia de lo que estaba ocurriendo en el ministerio. Me diste responsabilidad, estableciste expectativas claras sobre lo que debía ser hecho y el nivel de excelencia requerido.

»Cuando sentiste que estaba listo para tomar un nuevo tipo de ministerio, me lo diste (sin importar que pensara si estaba listo o no). Me permitiste hacerme cargo de ello. Siempre estuviste a mi lado para darme dirección, pero al final era mi responsabilidad perfeccionar y hacer con excelencia los ministerios que me asignaste. Me incluiste en tus expectativas y metas; esto me dio dirección para formar mis propias expectativas y darme cuenta del potencial que veías en mí y para aumentar mi propio potencial.

»Me trataste como un socio, confiaste en mí como un hermano y me hablaste como un amigo. Valoraste mis opiniones, escuchaste mis sugerencias y me motivaste a ir más allá de mi zona de comodidad (suena bastante parecido a Pablo y Timoteo, ¿verdad?). A través de tu mentoreo y discipulado, obtuve la pasión para hacer de Cristo algo excelente y hermoso para el mundo».

¿A quién no le gustaría recibir una carta como esta? Las palabras de este chico nos deberían inspirar a todos los que estamos en el ministerio de jóvenes a edificar a unos pocos, aunque trabajemos para alcanzar la mayor cantidad de estudiantes posible. Ahora bien, creo que un ministerio de jóvenes efectivo no tiene que ver con el tamaño. Ya sea grande o pequeño, un ministerio guiado por un pastor y voluntarios que ponen en práctica el mentoreo será más poderoso y más real para todo aquel que se acerque.

Tanto los beneficios a corto plazo, que son obvios, como los beneficios para el reino, que no veremos, deberían impulsarnos a adoptar el mentoreo como parte integral de la estrategia del ministerio (esto lo querría Jesús). Y cuando mentoreas a uno o dos estudiantes, te preguntarás por qué no lo hiciste parte de tu rutina semanal tiempo atrás.

Recuerda, la batalla está activa y es tiempo de preparar a esta generación de jóvenes estudiantes a luchar esas peleas. Tú puedes hacerlo, por eso separa un tiempo para orar pidiéndole a Dios que te quite cualquier temor que puedas tener, que te dé confianza de que él te ha elegido para ser mentor de unos pocos estudiantes. Pídele además que te reconfirme en esta verdad. Entonces estarás listo para tomar y blandir tu espada.

El mundo real

¿Es el mentoreo un don espiritual?

En ninguna parte de la Escritura se nos enseña que el mentoreo sea un don espiritual. Los dones espirituales te pueden ayudar a ser un mejor mentor, pero no hay un don determinado que te forme en este aspecto. Sin embargo, Dios usará todos los dones que te ha dado y te dará todo lo que necesites para convertirte en un mentor. Recuerda, Dios quiere que te conviertas en mentor espiritual de sus hijos. Asombroso, ¿verdad?

¿Qué le dices a los estudiantes que los pondría celosos debido a que no están siendo mentoreados?

Este es un buen problema: que más estudiantes de los que puedes manejar quieran ser mentoreados. Diles la verdad, que sepan que es posible que no estén listos todavía, o que no entienden el nivel de compromiso, o que es posible que no sea adecuado, o que necesitas encontrar un mentor para ellos. La mayor parte del tiempo, los estudiantes que objetan no están seguros por qué están celosos o de lo que se están quejando. Ellos en verdad no entienden el compromiso que se requiere (ver capítulo cuatro). Por eso, asegúrate de que sepan que el mentoreo no es la única manera de involucrarse. *Todos* pueden participar en grupos pequeños y en otros certámenes ministeriales, y pueden tener una *medida* de contacto personal contigo u otros líderes (recuerda, aun si eres mentor de unos pocos estudiantes, tendrás que hablar y pastorear a otros dentro del ministerio).

La mayoría de las veces, si los estudiantes entienden que estás orgulloso de que ellos quieran crecer como seguidores de Cristo y si saben cómo involucrarse (y que el mentoreo podría ocurrir más adelante, cuando estén listos o cuando haya un mentor disponible), no habrá problemas.

Quiero ser mentor, pero no he sido mentoreado. No estoy seguro de lo que debo hacer.

El hecho de que estés leyendo este libro es de por sí un paso positivo. Seguro tendrás preguntas, pero muchas de estas serán respondidas mientras lees y puedes deducir las que te faltan en el camino. Es posible que encuentres útil preguntar la opinión de otros mentores, incluso podrías reunirte con ellos en alguna ocasión. Recuerda, Dios usará lo que te ha dado, solo necesitas estar dispuesto y deseoso de ser un ejemplo de Jesús. No permitas que el miedo evite que seas mentor. Puedes ser un ejemplo para un estudiante de lo que es un seguidor de Cristo. Simplemente recuerda que ellos buscan lo que es verdadero. *¡Tú puedes hacerlo!* No permitas que la falta de ejemplo perfecto no te deje ser un buen ejemplo para el estudiante.

Soy un pastor de jóvenes y nuestro pastor principal está enfocado en grupos grandes. Él quiere que me ocupe de

todos los estudiantes; no me agradecerá que cuide a unos pocos.

Lo primero que, tendría que hacer es, agradecerte el que estés mentoreando a *sus* hijos (está bien, estamos siendo algo sarcásticos). Recuerda, mentorear no significa que debes dejar de hacer tu trabajo como líder de todos los jóvenes o comenzar a excusarte por no querer alcanzar a más estudiantes. Sin embargo, mentorear es lo correcto, sin importar qué más esté sucediendo. Con el tiempo, si trabajas duro, tu pastor verá tu corazón; y creemos que estará de acuerdo porque verá que la vida de esos estudiantes está cambiando. Él notará cómo los voluntarios están involucrados en el mentoreo y cuán emocionados están. Es más, aunque no lo haga, los estudiantes a quienes mentoreas te agradecerán. Tus voluntarios, a quienes das un ejemplo al delegarles cosas, te agradecerán. Creemos que Dios estará complacido. Además, recuerda que el mentoreo *añade* efectividad a todo tu ministerio. En realidad lo hace. *Eso* lo notará tu pastor principal. Sin embargo, lo más importante es que creemos que algún día obtendrás el «gracias» que estás esperando y provendrá de Dios cuando diga: «Bien hecho, mi hijo fiel».

Como pastor de jóvenes, ¿debería alentar a los líderes voluntarios de grupos pequeños o a otro personal a convertirse en mentores?

Por supuesto. Haz que participen los padres, abuelos y todo aquel que tenga potencial de mentoreo. Esta es una de las mejores cosas que cualquier pastor de jóvenes puede hacer. El mentoreo hará de ellos mejores líderes. Si es personal pagado, debería ser un requisito. Recuerda que, como líder principal, el ejemplo debe empezar por ti.

Quiero mentorear a un estudiante, pero tengo que decirle no a otro que tiene potencial. Honestamente, favorezco al uno a costa del otro. ¿Estoy equivocado al tener esa preferencia?

Debes ser sensible y asegurarte de que el estudiante que no escogiste no piense que lo dejaste a un lado porque consideras mejor al otro. Lo más importante es decir la verdad. Hazle saber que piensas que cada uno estará mejor con un mentor que tenga una relación mejor y más apropiada. Es importante que seas sincero con lo que sientes. Si empiezas a mentorear con un sentimiento de culpa, podrías terminar lastimándolo o lastimándote. Es difícil de explicar, pero cuando ores y pidas la dirección de Dios, sabrás lo que es correcto. Algunos estudiantes se conectarán mejor con otro mentor que no seas tú, y eso está bien. La oración te ayudará a elegir con sabiduría. Jesús seleccionó a sus discípulos intencionalmente en medio de un amplio espectro de candidatos. Sin duda, tenía sus preferencias, por eso escogió a unos cuantos. Nosotros debemos hacer lo mismo.

Resumen del capítulo

Versículo a recordar:

«Designó a doce —a quienes nombró apóstoles—, para que lo acompañaran y para enviarlos a predicar».

(Marcos 3:14).

La estrategia guía para el mentoreo es lo que llamamos «el factor compartir». Este personifica el valor de llevar un estilo de vida que incluye invitar a un estudiante a tener una relación cercana con el fin de ayudarle a crecer en su parecido a Cristo. Estamos en una lucha por las almas de la gente joven, por eso el mentoreo es una de las mejores herramientas en nuestro arsenal. Es la manera en que venceremos la guerra. Esta fue la estrategia de Jesús con sus discípulos: permitió que le observaran en una variedad de escenarios, a fin de dar un ejemplo, así como una enseñanza. Los líderes de jóvenes necesitan guiar el camino a unos pocos estudiantes para que se edifiquen. El mentoreo es una muy buena manera para mantener fuerte tu pasión por el ministerio. También impacta a otros a tu alrededor. Quienes ven tu ejemplo y el impacto que estás teniendo, considerarán el desafío de convertirse en mentores.

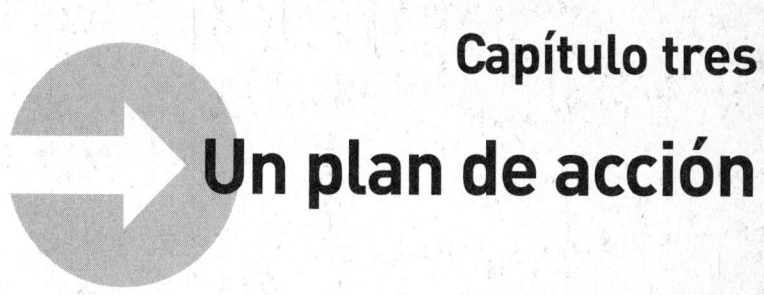

Capítulo tres

Un plan de acción

La Biblia dice: «Clama la sabiduría en las calles; en los lugares públicos levanta su voz» (Proverbios 1:20). El punto del texto es que una clase de sabiduría está presente en la vida diaria... «en las calles»; y está en realidad disponible para aquellos que se fijen en la misma. Dios ha difundido un río permanente de verdad a través del universo. De modo que somos capaces de recibirlo si escuchamos, incluso sin tener que abrir la Biblia. Este «sentido común» proviene de Dios tanto como la verdad que nos revela la Escritura.

El gran secreto de la vida

Explicaremos en un minuto cómo se relaciona esto con el mentoreo; pero como ilustración del proverbio anterior: *El gran secreto de la vida*; vemos que se encuentra en cada aeroplano del mundo. Este mensaje está codificado, así que es posible que necesiten alguna ayuda para interpretarlo. Todo aquel que ha volado en un avión comercial ha recibido una de las más profundas lecciones de vida. En el bolsillo trasero del asiento frente a ti están las instrucciones de seguridad. Para que sea fácil de entender, contiene varios dibujos de lo que se debe hacer en caso de emergencia. La imagen a la cual quiero dirigir tu atención es a la de una mujer, el niño y las mascarillas de oxígeno que se desprenden del compartimiento sobre sus cabezas. Es algo como esto:

En primera instancia, esta imagen es contra-intuitiva, porque primero la madre se coloca su propia máscara, y solo *después* es que puede ayudar a su hijo a ponérsela. *¡Cuán egoísta!*, pensarías, pues crees que el niño debería ser primero, que sus necesidades deberían ser las primeras en satisfacerse. ¿No sería lo compasivo, incluso lo que Cristo hubiese hecho?

Resulta que no es así. Sin oxígeno, el adulto pone en riesgo su vida *y* el bienestar de su hijo. Por lo tanto, si estuvieses en esa emergencia, el orden correcto a seguir es obtener primero oxígeno para ti, y luego ayudar a los otros. La autoayuda es la base para ayudar a otros. *Ese es el gran secreto de la vida.*

Ahora bien, aunque parezca un autoservicio hedonista, fíjate que la persona más compasiva y generosa que jamás haya caminado sobre este planeta vivió de esa manera. Jesús practicó primero hacia dentro y luego, hacia fuera. Se entregó a otros generosamente, pero a través de su ministerio, también se aseguró de que tanto él como sus discípulos tuvieran experiencias de «recarga», tanto a nivel espiritual como recreativo. La Biblia también nos enseña esta sabiduría: «Clamando por nosotros en las calles» (o en una pista de aterrizaje). «Y como no tenían tiempo ni para comer, pues era tanta la gente que iba y venía, Jesús les dijo: —Vengan conmigo ustedes solos a un lugar tranquilo y descansen un poco» (Marcos 6:31). Por lo tanto, si quieres vivir como el Señor vivió, periódicamente tendrás que decir: «Necesito escaparme a un lugar tranquilo y descansar un poco».

Sigue al líder, haz como Jesús

Como seguidores de Cristo, hemos decidido hacer caso a las enseñanzas de nuestro líder, pues también imitamos su estilo de vida y hacemos las cosas que hizo. Y una vez que hemos decidido convertirnos en mentores, permitimos que los estudiantes vean esta manera de vivir de primera mano. Esta decisión deliberada de permitir a un estudiante que vea cómo encarnamos las enseñanzas de Jesús es la experiencia central detrás del plan de acción que usan los mentores. El mentoreo siempre se refiere a cómo parecerse a Jesús, y los estudiantes aprenden maneras prácticas de cómo hacerlo, pues observan cómo le imitamos.

Vale la pena imitar mucho del «Estilo de vida» de Jesús. Solo echa un vistazo a través de los Evangelios y fíjate en la naturaleza «hacia delante y hacia atrás» de su ministerio. Como ya lo habíamos dicho, él practicaba un sano y sostenido ritmo que le permitía cumplir con una muy desafiante tarea ministerial hacia las masas mientras mentoreaba a sus discípulos ahí mismo. Al observar de cerca sus acciones, nos muestra tanto su humanidad como el ejemplo de una profunda verdad sobre cómo el ministerio y la vida serán para nosotros. Es verdad que no tenemos exactamente su misma misión: morir por los pecados de la humanidad; pues no somos el Hijo unigénito de Dios; pero en muchos otros niveles, él nos muestra la manera de vivir, sin desmerecer de ninguna forma su único rol como el camino mismo al Padre.

Considera los siguientes ejemplos a seguir. Estos nos muestran ritmos a los que haríamos bien en prestar atención por nuestro bien y por el de quienes mentoreamos.

Público	Privado
Jesús se comprometió en la actividad ministerial con vigor.	Él separó tiempo para descansar.
Jesús enseñó a las masas.	Él separó tiempo para acompañar a unos pocos.
Jesús ministró a muchos.	Se aseguró de estar en soledad para que el Padre pudiera ministrarle.
Jesús habló con la gente.	Él habló con Dios.
Jesús dio mensajes públicos, y la gente le escuchó.	Él hizo una pregunta y escuchó la respuesta de la persona.
Jesús tenía un ministerio público de gran alcance.	Él se sirvió algunas comidas en pequeñas reuniones de buscadores.

Al mentorear estudiantes, les invitamos a un estilo de vida: seguir la manera de vivir de Cristo en cercana conexión y en dependencia diaria de nuestro Padre celestial. La manera en que lo hacemos es a través de lo que decimos y más importante aún, al invitar a nuestros estudiantes a ver cómo lo hacemos, a que tengan una idea de cómo se sigue a Jesús en estos días y en esta época. Como el apóstol Pablo, podremos decir: sed imitadores de mí, como también yo lo soy de Cristo (1 Corintios 11:1, LBLA). ¿Acaso escribió Pablo esto porque se consideraba una perfecta copia de Jesús? ¡Por supuesto que no! Eran tanto sus victorias como sus luchas las que utilizaba para invitar a otros a aprender. Él sugería que se siguiese su *ejemplo*, no su «perfección».

Nosotros los mentores somos en primera y primordial instancia pupilos, discípulos de Jesús. Aprendemos lo qué él enseñó y vivió. Imitamos aquellas acciones y enseñamos a los jóvenes estudiantes cómo hacer lo mismo en sus vidas. Aunque pensamos que este ejemplo está ausente en muchos estudiantes de la actualidad, tenemos que cambiar esta realidad referente al ministerio de jóvenes. Es tiempo de que nos escuchen decir: sigan mi ejemplo, como sigo el de Cristo.

Prácticas espirituales, no atajos

Piensa en las maneras en que a través de los años has aprendido para mantener fuerte tu relación con Dios. Cuando no estás de lo mejor, ¿qué haces?

A menudo la gente utiliza el término «prácticas espirituales» o «disciplinas espirituales» para describir las actividades y experiencias que los cristianos usan para fortalecer su conexión con Dios. Dallas Willard, en *Spirit of the Disciplines*, las ha agrupado en dos grandes áreas: disciplinas de *compromiso*, y disciplinas de *abstinencia*.[1] En la primera están cosas como la oración, estudio bíblico y la confesión; nos *comprometemos* con alguien o con alguna actividad. Por otro lado, las disciplinas de abstinencia incluyen soledad, silencio, ayuno y actos hechos en secreto; en estas prácticas nos *abstenemos* de actividades legítimas o de contacto personal.

---

1. Dallas Willard, *Spirit of the Disciplines*, HarperCollins, Nueva York, NY, EE.UU., 1998, p. 158.

Ahora bien, quizá has experimentado con algunas de estas. En una relación de mentoreo expones al estudiante cómo son las practicas en la vida, lo cual, de paso, te motiva a usarlas más a menudo. Entonces le muestras cómo has incluido estas prácticas en tu rutina diaria. Lo que estás empezando a hacer, o ya es un hábito establecido, puede ser algo completamente nuevo para él. El mentoreo, «compartir», le permite acercarse lo suficiente para observar por sí mismo cómo alguien vive la vida cristiana y se compromete con estas prácticas.

Yo, Judson, trabajé con estudiantes de secundaria inmediatamente después de haber terminado la universidad. Después de haber estado en mi iglesia por casi un mes, escogí a dos de ellos para mentorear. Una de las cosas que hacía con frecuencia en nuestros tiempos juntos era leerles extractos de mi diario de oración. Al principio, solo quería que supieran lo que era eso; también quería ayudarles a escuchar las clases de cosas que le digo a Dios y, en ocasiones, quería que supieran que luchaba con muchas de esas, igual que ellos. Y bueno, a menudo orábamos juntos. Allí veían cómo un hombre joven como yo podía hablar libre y naturalmente con Dios. También oraba con ellos sobre cómo creía que Dios haría grandes cosas en nuestro ministerio ese año. Al final, uno de los chicos me preguntó cómo yo podía saber el futuro de esa manera, pues parecía muy seguro de lo que Dios haría en nuestro medio. Entonces me di cuenta que me malentendió, por eso tuve que clarificar que mi optimismo no era un don profético sino solo una esperanza piadosa y llena de fe.

Observar y aprender

Un maestro espiritual *explica* las cosas a un estudiante; pero un mentor se las *muestra*. Jesús enseñó acerca de la oración pública, pero con sus discípulos lo hizo mientras lo observaban y también oró *con* ellos. Como mentor, no solo debes hablar de la oración sino que debes orar con el estudiante para permitirle que te «acompañe» cuando oras en varias situaciones. Ahora, mientras un maestro podría describir cómo usar la Biblia, un mentor hace un estudio bíblico con el estudiante.

Además, el mentor también reacciona bíblicamente, pues, sin pensarlo, muestra que la Palabra ha echado raíces y no es solo un concepto abstracto. Asimismo, un maestro puede proveer los pasos para trabajar en un conflicto o explicar los principios bíblicos para lidiar con la ira; pero un mentor lleva la instrucción más allá, pues entra en el conflicto y lleva al estudiante para darle un ejemplo de cómo, en una manera saludable, se puede llegar a la resolución y reafirmación de la relación. De modo que, en un nivel más profundo, un estudiante puede explicar la realidad y perseverancia del pecado humano, pero un mentor, de manera sincera, comparte sus propias luchas con el pecado y evidencia su progreso personal con el tiempo.

A mí, Bo, me encanta ejercitarme, por eso paso mucho tiempo en el gimnasio. Recuerdo una vez en la que estaba en la sala de pesas y me fijé en tres jóvenes de tal vez quince o dieciséis años. Obviamente estaban muy emocionados por disponer de todo el equipo sofisticado, pero no tenían ni la más mínima idea de su uso apropiado y, en ocasiones, lo empleaban al revés. No solo se veían tontos sino que dejaban de trabajar los músculos para el cual la máquina había sido diseñada. Pude ver todo su entusiasmo; estaban muy motivados. El problema era que no tenían un modelo, alguien que les mostrara cómo hacerlo bien. Las herramientas eran suficientes para sus propósitos, pero su falta de entendimiento y el inadecuado uso del equipo les impedían obtener el beneficio que deseaban.

Ocurre lo mismo en la vida. Los estudiantes a menudo aprovechan sus cuerpos y mentes de maneras que en ocasiones se oponen a lo que el Diseñador divino tuvo en mente. Lo que necesitan es alguien que les muestre una mejor manera de vivir, consistente con los deseos de Dios. No necesitan ser sermoneados sino escuchar decir a alguien de carne y hueso: «obsérvame». Recuerda, necesitan un mentor.

Cada experiencia, un momento de enseñanza

Los mentores capitalizan en la realidad, ya que la atmósfera que la cubre no necesita nada especial para que ellos aprendan. La principal cosa requerida por un mentor es que se ponga en acción cuando los sucesos ocurren para ayudar al estudiante a ver la lección allí disponible. Por eso, un mentor sabio está siempre orientando la atención a lo que sucede y hace preguntas sencillas que se transforman de momentos cotidianos a instantes para mentorear.

Un pastor de jóvenes contó esta historia de cómo su tío le mentoreó en el campo:

«Como adolescente, pasé cada verano trabajando en la granja de mi tío, que estaba dedicada a plantar maíz dulce. Aunque esto implicaba no asistir a campamentos de verano o tener vacaciones elegantes, estos tiempos fueron muy importantes en mi crecimiento y desarrollo personal. Pasar una tarde ayudando a mi tío a reparar el tractor siempre incluía conversaciones sobre la fe y la doctrina. Y mientras conducíamos para hacer la revisión nocturna de los campos, sentía total libertad para hablar sobre cualquier cosa, por eso le hacía toneladas de preguntas sobre la vida, relaciones y Dios. Mi fe se reforzó, amoldó y aguzó por estas conversaciones, y todo en el contexto de un trabajo de verano».

Estos son algunos ejemplos de cómo puedes «acompañar» de maneras significativas en medio de una amplia variedad de escenarios:

- Mientras conducen juntos a alguna parte, y fijándote en los autos a tu alrededor, pregúntale al estudiante cosas como: «Cuando la gente pide paso con la mano, ¿realmente llegarán más rápido? ¿Cuál crees que es la raíz de que la gente esté tan apurada? ¿Por qué crees que alguien que cruza su auto frente a otros los puede poner tan enojados? Cuando me ves conducir, ¿qué es lo que ves o aprendes de mí?».

- Cuando te detienes en una tienda a comprar algo, hazle preguntas como: «¿Cuáles crees que son los peligros de usar el crédito en vez del efectivo? ¿Cuál crees que es la razón por la que tanta gente tiene deudas grandes con su tarjeta de crédito? ¿Qué aprendes de mí cuando ves lo que compro y cómo interactúo con la gente en la tienda?».

⮩ Cuando escuchas una canción en la radio, pregunta: «¿Es eso verdad? ¿Es así como funcionan las relaciones? ¿En eso consiste el amor?».

⮩ Cuando veas o escuches un comercial, desafíalo a pensar en lo que están diciendo. Sin sermonear, comenta cómo la publicidad empobrece o mal representa la realidad, en especial las relaciones y los valores espirituales.

⮩ Cuando veas un miembro del sexo opuesto que sea obviamente atractivo, no finjas no reconocer su atractivo. Admite los atributos de la persona, sin lujuria, y agradece a Dios porque él aprecia la belleza también. Muéstrale además cómo podemos estar conscientes de nuestros deseos sin sucumbir a los mismos. Ayúdale a ver el sexo opuesto como un cuerpo, mente y alma, todo lo cual fue creado por Dios con el fin de que lo respetemos y veamos sin inmoralidad.

⮩ Cuando vayan al cine juntos, reflexiona en lo que vieron y pregúntale: «¿Qué valores viste en esa película, ya sea directa o sutilmente? ¿Qué crees que es más destructivo: una película que muestra a los cristianos como hipócritas o una que muestre que a los no creyentes aparentemente les va bien sin Dios? Aparte del dinero, ¿por qué crees que la gente que hizo esa película se tomó toda la molestia de llevarla al cine?».

⮩ Cuando se reúnen después de no verse un fin de semana o luego de unas vacaciones, pregúntale: «¿Qué te gusta hacer cuando tienes tiempo libre? ¿Cuándo fue la última vez que perdiste el tiempo y te arrepentiste después? ¿Qué hiciste y por qué supones que escogiste eso, aunque te arrepentirías de ello? Esto es lo que me gusta hacer a mí: _____; ¿qué te dice eso de mí?».

⮩ Cuando salen a comer juntos, pregunta: «He escuchado que la obesidad es casi una epidemia. Juzgando por la gente que nos rodea, ¿crees que eso sea cierto? ¿Crees que el sobrepeso es simplemente un asunto de salud o también uno espiritual? ¿De qué desórdenes alimenticios has escuchado? ¿Tienes algún amigo que haya luchado con esto? Este es mi punto de vista de cómo Dios, la dieta y el ejercicio encajan: _____; ¿qué piensas?».

⊃ Cuando estén en algún lugar donde puedan hablar sin ser interrumpidos, pregúntale: «¿Cómo te gustaría ser tratado por el sexo opuesto? ¿Qué reglas sigues de manera general cuando estás con el sexo opuesto? De lo que has visto de mí, describe cuáles crees son mis valores centrales en lo que se refiere a las relaciones con el sexo opuesto».

⊃ Cuando le invites a tu casa, pregúntale: «¿Qué es lo que crees que hace que la casa de un amigo sea un lugar que quieras visitar o un sitio al que temas ir? Si Jesús hubiese tenido una casa, ¿cómo crees que la hubiese mantenido, y por qué? ¿Qué mensaje da a los visitantes la forma en que mantengo mi casa?

Qué podemos dar que Jesús no pudo

A riesgo de sonar blasfemos, los mentores ofrecen a los estudiantes algo que *va más allá* de lo que Jesús proveyó a sus discípulos: nosotros podemos mostrarles nuestros *errores*. Jesús dirigió la atención a las debilidades de sus discípulos o ilustraba sus fallas de carácter a través de historias; pero como no tenía pecados propios, no podía usarlos como lección. Nosotros tenemos un amplio repertorio de cosas que hemos hecho mal y que ayudan a aquellos que mentoreamos.

De manera paradójica, mostramos la humildad de Cristo cuando permitimos que aquellos a los que mentoreamos vean cómo somos en realidad. Jesús nunca tuvo que admitir que había pecado, pero conocía su humanidad y vivió su vida como un siervo humilde ante los demás. Podemos ser de enorme ayuda para los estudiantes cuando ven nuestra humanidad y cómo procesamos nuestras subidas y bajadas morales y espirituales.

Yo, Bo, pedí a varios chicos que mentoreaba en la escuela secundaria que me enviaran algunas historias. Coleman, en ese entonces estudiante de colegio, ahora un hombre grande, respondió mi solicitud. Me había olvidado por completo de su historia, pero la recuerdo ahora para contártela.

«Mi mentor, Bo, y un grupo de chicos solíamos hacer viajes durante el verano. Mientras conducíamos, nos detuvimos en un lugar para comer. Vi algunas cosas que sucedían en el restaurante que me molestaron. Me puse a ofender y molestar. Cuando caminamos hacia fuera, Bo charló brevemente conmigo y me dijo que estaba tenso y que había hecho demasiado énfasis por lo sucedido. Fue algo que me confrontó en medio de mi ira, que no creo que a ninguno de los dos le haya gustado. Nos subimos en la camioneta y me recosté en la parte trasera. Bo se subió en el asiento delantero. Unos diez minutos después se dio la vuelta y me miró diciéndome: "No importa cuánto peleemos, aun así te amo". Así era él. Ese momento ha permanecido conmigo todos estos años, pues se aseguró de que las cosas estuvieran bien entre nosotros. En la actualidad soy un mejor padre, un mejor mentor, un mejor hombre, un mejor líder, un mejor cristiano, y gracias a mi mentor Bo».

Por tu parte, podrías decir: «¡Gran historia! Desearía haber tenido alguien que me hablara así en mi vida. ¿Cómo se supone que debo mentorear un estudiante cuando nadie lo hizo conmigo?». O posiblemente estás pensando que no deberías mentorear porque no tienes la suficiente seguridad. Es posible que pienses que has cometido demasiados errores. Es posible que no creas tener demasiado que ofrecer. Sin embargo, esos sentimientos de inferioridad e insuficiencia son comunes y, a menudo, no son ciertos. Lo que ofreces es suficiente si es tu mismo yo. Si eres sincero, si estás enfocado en Cristo, si tienes deseos de ser real con un estudiante, incluso la parte de ti que aún no ha sido terminada, no será un problema. *¡Tú puedes hacerlo!* La clave es no ser falso y que continúes creciendo. Dios puede y usará incluso lo «malo» en nosotros cuando permitimos el trabajo del Espíritu Santo mientras el estudiante observa nuestro progreso.

Es posible que hayas pensado que lo que tus estudiantes necesitan básicamente es ver «cómo haces lo correcto». Sí, necesitan eso, pero, ¿qué mejor manera de mostrarle la gracia de Dios que trabajando en nuestros corazones? ¿Puedes ver cuán importante es, cuán verdaderamente determinante es para una persona joven ver cómo un adulto actúa a través de sus equivocaciones y errores? ¿Por qué supones que los Evangelios están repletos de historias de cómo los discípulos cayeron y fracasaron en sus lecciones? *Observar y procesar las equivocaciones es una de las mejores maneras de aprender.* Por supuesto, si tu posición es la de tomar posturas, pretender y rehusarte a admitir tus debilidades, y en general no haces un buen trabajo enfrentando y manejando tus problemas, eso es lo que les heredarás. Nosotros sabemos que eso no está en tu corazón, pues no eres esa clase de «libro», de lo contrario, no hubieses leído hasta este punto. Por ello, te invitamos a que des un paso hacia lo que es cierto de ti, tanto lo bueno como lo malo, y que con autentica autorevelación permitas que los estudiantes vean donde estás y cómo llegas al siguiente nivel. Esta honradez es la que tanto se necesita en la vida de los estudiantes de hoy.

Un veterano mentor pastor de jóvenes recuerda cómo Dios usó un momento de tensión para enfocar una valiosa lección:

«Al trabajar a tiempo completo con jóvenes, siempre elijo a uno o dos para que me "acompañen"» en mis viajes. Eso puede incluir hacerlo a lugares donde doy una conferencia y hacer gestiones en la ciudad y, en ocasiones, unirse a mi familia para disfrutar las vacaciones. Luego de haber hecho esto por meses con un joven llamado Chris, finalmente me preguntó: "¿Cuándo comenzarás a mentorearme?" Le pregunté qué quería decir. Entonces me dijo: "¿Cuándo me pondrás en un programa de discipulado o un currículo?". Le dije que ya lo estaba haciendo, pues el núcleo del mentoreo es "acompañar" mutuamente. Le mostré luego lo que dice la Biblia: "Al ver la osadía con que hablaban Pedro y Juan y al darse cuenta de que eran gente sin estudios ni preparación, quedaron asombrados y reconocieron que *habían estado con Jesús*" (Hechos 4:13, *énfasis añadido*). El mentoreo, por tanto, es una forma de vida, no un currículo que sigues; es estar con una persona madura, más avanzada a la que quieres parecerte.

»Así las cosas, Chris terminó pasando tanto tiempo conmigo que la gente que le conocía le hacía bromas cariñosas porque era como mi sombra. Recuerdo una noche en que él estaba en nuestra casa y junto con mi esposa nos enredamos en un acalorado desacuerdo. Chris pensó que debía excusarse y salir. Cuando se puso de pie, le dijimos: "Debes quedarte y ver esta parte del matrimonio también. Debes ver el lado pecador de tu mentor"». Nosotros resolvimos las cosas, y él aprendió una valiosa lección sobre el matrimonio, cómo resolver conflictos y de cómo estoy comprometido a ser real con él para ayudarle a ver todas las facetas de mi vida».

En ese sentido, debemos señalar que uno de los beneficios colaterales del mentoreo es que te vuelves más consciente de tu propio progreso o de la falta del mismo. Eso es bueno, pues te motiva a hacer lo mejor, incluso si eres honesto con respecto a las cosas que no estás haciendo bien. Entonces, saber que hay una persona joven observando hace brotar lo mejor de ti y te da otra sólida razón para asegurarte de que estás trabajando los músculos del carácter, por así decirlo, que pueden ponerse flácidos si piensas que no hay nadie observándote. Pablo escribió: «Ejercítate en la piedad, pues aunque el ejercicio físico trae algún provecho, la piedad es útil para todo, ya que incluye una promesa no sólo para la vida presente sino también para la venidera» (1 Timoteo 4:7-8). Mentorear puede ayudarte a realizar una «Olimpiada Mental» para tu propio crecimiento. Cuando das pasos hacia delante y lo haces con autenticidad (admitiendo libremente que en ocasiones es difícil), estás entregando un obsequio al estudiante y a ti mismo.

El trato real, ejemplo de roles auténticos

Esta generación busca lo auténtico; están cansados de las apariencias, de los adultos que pretenden ser mejores de lo que en realidad son, desean ejemplos que quieran compartir sus lecciones de vida y que admitan que ellos no lo han aprendido todo. Es irónico que en nuestra cultura la gente que solía ser un modelo a seguir, como por ejemplo atletas, líderes políticos, maestros y artistas, se estén alejando de esa expectativa. Su mensaje parece ser: «No me veas a mí; no tengo idea de lo que estoy haciendo; encuentra a tu héroe en alguien más».

¿Quién es ese alguien más al que puede nuestra juventud admirar? ¿Quién está dispuesto a decir: «Puedo no ser perfecto, pero me preocupo por esta generación y quiero "acompañar" a estas personas y ofrecer un ejemplo real de alguien a quien pueden seguir»? Jesús nos llama a ser esa clase de gente.

Él quiere que otros vean su gracia obrando en nosotros. Por eso tenemos que ser la luz del mundo, una ciudad en la colina. «Hagan brillar su luz delante de todos, para que ellos puedan ver las buenas obras de ustedes y alaben al Padre que está en el cielo» (Mateo 5:16).

El bien que Dios está haciendo en nuestras vidas se supone que debe ser *visible*. Un estudiante mentoreado es posiblemente una de las mejores audiencias para observar lo que Dios obra en ti, así como tú eres la audiencia que observa a Dios hacer su obra en el estudiante.

Tómate un momento para orar; es una oración peligrosa, pero te invitamos a que le pidas a Dios que te haga la clase de persona dispuesta para que un estudiante te observe y vea a Jesús obrando en tu vida.

El mundo real

¿Puedes darme un rápido resumen de lo que se requiere para ser un mentor?

Empieza con un corazón honrado y humilde (cf. Salmos 51). Obviamente, si no eres serio para seguir a Cristo o estás viviendo en un patrón de pecado del cual no tienes deseos de liberarte, no solo estarás incapacitado para mentorear sino que deberías seriamente examinar tu relación como un seguidor de Cristo. Esto significa que si sabes que tienes una relación sincera y creciente con Cristo, estás deseoso de aprender el «trabajo» y tienes áreas de tu vida en las que sabes que Dios ha obrado y quieres compartirlas. Además, estás dispuesto a invertir tiempo y energía para construir una relación y, por supuesto, si tienes un corazón para los estudiantes, ponte sobre tus pies, pues estás listo para ser mentor.

Lidero a un grupo pequeño de seis estudiantes en un estudio bíblico. ¿Cuál es la diferencia entre esto y mentorear?

Probablemente lo principal es el tiempo que tienes para «compartir». Si no tienes ninguna influencia más allá de las reuniones de grupo, quizá no tienes el suficiente contacto personal para tener una relación de mentoreo. Además, el compromiso con un estudiante *listo* (cf. capítulo cuatro) y una clara disposición a ser mentor (cf. capítulo seis) te darán un mejor entendimiento de la diferencia entre mentoreo y pastoreo.

¿Cómo un voluntario como yo puede mentorear a un estudiante si solo tengo una hora disponible a la semana para el ministerio?

Es posible que no seas capaz de mentorear todavía, pero si te las puedes arreglar para tener un estudiante a tu lado durante otras actividades, podría ser factible; *tendrás* que pasar *algún* tiempo de calidad con él. Sin embargo, no te desalientes, sigue sirviendo en la hora que tienes. Pídele a Dios que te muestre cómo puedes ser capaz de tener más tiempo para «compartir» con un estudiante específico. Definitivamente, no sería justo decir que harás la inversión de mentoreo y luego no tener tiempo para el estudiante. Dios te enseñará cómo y cuándo harás esta elección; sé paciente. El momento llegará cuando sepas que es tiempo de mentorear.

Hay un estudiante en mi grupo de jóvenes que quiere que le mentoree, pero en realidad no tengo ninguna afinidad con él; además, encuentro que su compañía me resulta algo agotadora. Él parece muy dispuesto y entusiasta pero, ¿qué debo hacer?

Primero, motiva a los estudiantes y permíteles saber cuán complacido estás de que quieran crecer en su relación con Cristo. Luego, sé sincero, tómate el tiempo para explicar lo que realmente significa tener una relación de mentoreo. Permíteles saber que si uno de ellos está *listo,* te comprometes a encontrar el mentor correcto, aunque no seas tú. El siguiente capítulo detalla cómo encontrar un estudiante *listo,* pero te aconsejamos que por ahora pongas atención al Espíritu Santo para que te guíe. No debes sentirte culpable u obligado; no debes mentorear a todo aquel que se cruce en tu camino. El deseo de un estudiante es solo parte de cómo escoger. De hecho, algunos de ellos no saben aún que deben ser mentoreados, y pueden requerir que les desafíes para que tomen la decisión (siempre que tengan las cualidades de estar *listos*). Esperamos que el siguiente capítulo te ayude a tomar una decisión sabia que sea de utilidad para ti y tu estudiante.

Resumen del capítulo

Versículo a recordar:

«Sed imitadores de mí, como también yo lo soy de Cristo» (1 Corintios 11:1, LBLA).

Debemos seguir el ejemplo de Jesús, así como sus enseñanzas. Él nos mostró una forma de vivir y de estar con Dios que necesitamos emular y ejemplificar a los estudiantes. Él tuvo un ministerio muy público hacia las masas, pero también muy privado hacia sus seleccionados. Al imitar sus prácticas espirituales, mostramos estas disciplinas a los estudiantes que mentoreamos para que nos imiten, como imitamos a Cristo (cf. 1 Corintios 11:1). Los mentores no solo enseñan; ellos dicen: «obsérvame»; y utilizan las experiencias diarias como laboratorios de aprendizaje. Incluso los fracasos personales son valiosos cuando un mentor utiliza esos momentos para mostrar todas las facetas de la vida con Dios. La autenticidad es clave en lo que se refiere al plan de acción que usan los mentores.

Capítulo cuatro
Un estudiante listo

Sin revisar en una Biblia, ¿cómo explicarías el método que Jesús usó para seleccionar a sus doce discípulos?

Es posible que seas como la mayoría de la gente, que no está segura qué proceso usó Jesús, o si usó alguno. Una perspectiva muy común es que el Señor solo caminaba y que, por razones desconocidas, le pidió a determinada gente que se uniera a su círculo cercano. Cuando tuvo doce, parece que decidió que eran suficientes y dejó de hacerlo.

Sin embargo, piénsalo bien. Si usaras ese método en tu lugar de trabajo para contratar, ¿cuál sería el resultado? ¿Crees que podrías ganar personal de primera clase y competitivo en tu mercado? O si escogieras jugadores para un equipo atlético y usaras esa metodología, ¿crees que tendrías un equipo de campeones y la reputación de ser un entrenador exitoso?

Escoger con un propósito

La mayoría de las personas ven como tontería el hacer una selección basada en la casualidad para levantar un equipo de trabajo. Y bueno, la Biblia concuerda con esta idea: «Como arquero que a todos hiere, así es el que toma a sueldo al necio o a los que pasan» (Proverbios 26:10, LBLA). El pensamiento de que alguien arroje flechas indistinta-mente en todas las direcciones lo caracteriza

muy bien; este mecanismo de armar un equipo deja gente heri-
da. No puedes elegir a los que pasan y esperar así una empresa
rentable. Tampoco puedes reclutar a un jugador que no has
probado y levantar así un equipo triunfador. Si quieres mentorear un estudiante, no puedes elegir cualquiera.

Entonces, ¿cómo eligió *realmente* Jesús a sus doce? Bueno,
siguió el consejo bíblico de Proverbios que citamos antes: su
elección fue deliberada, no casual. En realidad, el misterio rodeó los requisitos reales que él buscaba y en ninguna parte de
los Evangelios se dice *con exactitud* por qué eligió a los que
eligió. Sin embargo, no está en tela de duda que *se ocupó de
ello*: «Por aquel tiempo se fue Jesús a la montaña a orar, y pasó
toda la noche en oración a Dios. Al llegar la mañana, llamó
a sus discípulos y escogió a doce de ellos, a los que nombró
apóstoles» (Lucas 6:12-13). Antes, Jesús se había rodeado de
una gran cantidad de «seguidores» que lo habían acompañado
por algún tiempo. Además, tuvo la oportunidad de conocer-
los y observarlos. Luego de un intenso tiempo de oración y
reflexión, llamó a doce e hizo una cita específica con ellos.
Solo después de haberlos observado y de interactuar con ellos
fue que escogió. Los otros en la multitud, por su parte, conti-
nuaron siguiéndole y siendo miembros de su gran rebaño. En
varios lugares del evangelio se enumeran a setenta enviados en
tareas y a ciento veinte reunidos en el cuarto superior, luego de
su muerte; pero los doce fueron sus más cercanos asociados y
elegidos personales; incluso dentro de ese grupo, él se enfocó
en un círculo de tres: Pedro, Santiago y Juan (cf. Mateo 17:1;
Marcos 5:37; Marcos 14:33; Gálatas 2:9).

Cómo encontrar un rey

En el Antiguo Testamento, la nación de Israel le pidió a
Dios que le asignara un rey. En su tiempo, Dios cumplió su
solicitud y su primer rey, Saúl, tuvo, pero superficialmente,
las cualidades que de manera normal se asocian con el éxito:
«Quis tenía un hijo llamado Saúl, que era buen mozo y apuesto como ningún otro israelita, tan alto que los demás apenas le
llegaban al hombro» (1 Samuel 9:2). A pesar de estas prome-
tedoras características externas, su reinado fue un desastre. La
apariencia de «alto, buen mozo y apuesto» no son suficientes

para hacernos buenos líderes. En ese sentido, el siguiente rey fue elegido a través de una historia diferente. Cuando Dios le dijo al profeta Samuel a quién debía ungir, Samuel se sorprendió por su elección. Delante de él se pusieron de pie todos los hijos de Isaí, y cuando Samuel vio a Eliab, pensó: *este debe ser el elegido del Señor*; «Pero el Señor le dijo a Samuel: —No te dejes impresionar por su apariencia ni por su estatura, pues yo lo he rechazado. La gente se fija en las apariencias, pero yo me fijo en el corazón» (1 Samuel 16:7).

En esto reposa un importante principio fundamental del mentoreo: sabes que tienes que elegir a alguien; no seas ingenuo en referencia a quién eliges. Basado en el ejemplo de Jesús y en las palabras de Dios a Samuel, lo mínimo que necesitas para elegir son las cualidades internas, no las superficiales.

Es posible que algunos mentores se sientan tentados a pensar: *el punto central de mentorear a alguien es cambiarlo; entonces, ¿por qué importa a quién elija? Si le ayudaré a convertirse en una mejor persona.* Sin embargo, esto obvia un punto crucial: quizá no puedes ayudar a alguien a quien le falta la «materia prima» que se requiere. Recuerda que *el mentoreo da forma a lo que ya existe*; no crea un alma madura de la nada. Como el buen mentor que con seguridad eres, no tienes tanto poder sobre los estudiantes. Ciertos rasgos deben ser «programados» en la persona desde el principio. Tendrás suficiente trabajo ayudando al estudiante a crecer, incluso cuando estas características básicas están presentes. Es casi seguro que te sientas frustrado si no te aseguras de que por lo menos algunas de estas cualidades vitales existen.

Es también tentador pretender elegir a los chicos más populares o a los estudiantes más brillantes para mentorear. Ahora, ciertamente es bueno prestar atención a esos líderes naturales por su potencial, pero la popularidad y la inteligencia no son suficientes. De modo que busca a los estudiantes que tengan influencia *y* que tengan deseos de moldear a través del proceso de mentoreo. Aunque es posible que algo de su liderazgo natural esté mal dirigido, esto no los descalifica de forma automática. Si están deseosos de aceptar tu aporte, es posible que a través del proceso de mentoreo puedas conducir sus habilidades de liderazgo natural para canalizarlas en la ruta correcta.

También debemos decir algo sobre la edad y madurez espiritual del estudiante. Es posible que encuentres a uno que sea muy maduro espiritualmente y pienses: *esa es la clase de estudiante que quiero mentorear*. O puedes pensar: *¿por qué mentorearlo? Ya tiene mucho; quizá no necesite de mí*. Por el contrario, puedes inclinarte por un nuevo creyente y pensar: *realmente podría ayudar a este estudiante a afianzarse en la fe*; o simplemente lo opuesto: *es tan nuevo en la fe… prefiero que encuentre a alguien con más madurez*. Es verdad, la edad espiritual y la física no tienen relación. Un estudiante de secundaria puede ser un cristiano nuevo, y un niño en último grado de primaria podría haber aceptado a Cristo a una muy temprana edad y estar muy firme en el Señor. No obstante, el punto de todo esto es que la edad espiritual por sí sola no califica o descalifica a un estudiante. Necesitas otros criterios para hacer tu elección.

Un hombre salvaje con corazón

Yo, Bo, pienso que uno de mis recuerdos más tempranos de Troy era verlo colgado al final de un carro de bomberos con un corte de pelo Mohawk, teñido de rojo y dorado. Ese carro era parte de un desfile de un pueblo pequeño, justo antes de un juego de fútbol de la secundaria. Troy era defensa de mediocampo en el equipo y yo, uno de los entrenadores.

Él definitivamente sabía cómo hacerse notar: movía sus manos y gritaba como un salvaje. La gente que miraba el desfile le tenía miedo, y los oficiales en el carro de policía cercano no dejaban de observarlo. Cuando vi a este joven muchacho, pensé: *definitivamente no tiene miedo de ser él mismo ¡Y ese cabello! Eso habla de su creatividad. Quiero conocerlo*.

Esa noche, durante el juego, pude verlo en las líneas laterales sin el casco. Estaba gritando algo a un jugador del otro equipo. En ese instante, estaba sudado por haber jugado. Como la tintura roja y dorada de su corte Mohawk se estaba corriendo por su cara, un aspecto más atemorizante se destacaba. Entonces pensé: *¡vaya si este chico tiene energía!*

Luego del encuentro deportivo, un par de jugadores nos contaron que nuestro defensa lateral había recibido un golpe tan fuerte que no sabía dónde estaba. Cuando se reunió para prepararse para el siguiente juego, le preguntó a Troy: «¿Qué debo hacer? ¡No puedo ver, no puedo ver!» Sin deseos de perder el receso, Troy respondió «No te preocupes, cuando lancen la bola, gritaré, mientras tú solo corres a la línea ofensiva». Cuando escuché esa historia, supe que Troy no era muy compasivo; pero al menos tenía el don del liderazgo.

Al final del juego, Troy se dio la mano con cada jugador del equipo contrario. También estrechó las manos de cada entrenador de nuestro equipo, y dijo: «Gracias por entrenarme, fue una experiencia maravillosa». Cuando me apretó la mano, le dije que quería hablar con él más tarde y le sugerí hacerlo en el bus cuando regresáramos a casa. Troy dijo: «No hay problema, entrenador, le veré en el autobús».

Esa conversación marcó el inicio de una relación de mentoreo que he mantenido con Troy por casi dos décadas. Hemos servido, escrito libros, viajado, y llevado juntos el ministerio alrededor del mundo: hemos hecho la vida los dos; y todo porque me fijé en un joven que pensé tenía algunas cualidades que Dios usaría si las ponía a disposición de su mano amorosa y formadora. La vida y el ministerio de Troy son un testimonio de lo que Dios puede hacer con un joven cristiano cuando está listo y dispuesto a ser mentoreado.

Qué buscar

¿Cuáles son lo rasgos que debes buscar cuando eliges un estudiante para mentorear?

Bueno, para ayudarte a seleccionar un estudiante, hemos identificado cinco cualidades esenciales que debes buscar. Encontrarlas aumenta la probabilidad de que inviertas en la persona correcta. Para ayudarte a recordarlas, hemos creado el acróstico de *listo*.

L: Leal

Lucas 16:10 dice: «El que es honrado en lo poco, también lo será en lo mucho». Hay un refrán que dice que la actuación del pasado es la mejor manera de predecir el comportamiento futuro. Lo que la gente ha hecho tal vez será lo que continúen haciendo. Si ese es el caso, un buen lugar para iniciar tu búsqueda de mentoreo es entre los estudiantes que han sido leales.

Fíjate en cómo han manejado responsabilidades en el pasado; quizá así será como las manejen en el futuro. ¿Es esta persona del tipo: *yo puedo hacerlo y empiezo todo lo que termino*? Es verdad que el proceso de mentoreo les ayudará a madurar, pero el estudiante debe tener una medida de confiabilidad con la cual empezar.

Piensa en lo que estás ofreciéndole: la oportunidad de crecer y desarrollarse en una variedad de aspectos. Estarás invirtiendo parte de tu única vida en esta persona. Simplemente no es sabio «pasar agua por un tamiz» y esperar llenar a una persona que tiene el carácter poroso. Jesús fue bastante franco cuando dijo: «Ni echen sus perlas a los cerdos» (Mateo 7:6). El punto de este hecho no es que los cerdos sean animales despreciables sino que no pueden *apreciar* la inherente belleza y valor de una perla. Por lo tanto, si tienes cerdos, no seas cruel con estos y más bien guarda tus perlas para quienes conozcan su valor. Ama y sirve a todo aquel que conoces (como Jesús lo hizo), pero haz tu mejor inversión a nivel personal en estudiantes que la recibirán, valorarán, atesorarán y mantendrán (como también lo hizo Jesús). La forma en la que descubres si un estudiante hará esto es observando cómo maneja otras responsabilidades en la actualidad. Un pastor de jóvenes nos contó esta experiencia:

«Tuve un estudiante en mi ministerio que tuvo problemas por robarse un videojuego de uno de sus amigos. El padre del amigo me llamó y me pidió que me reuniera con este estudiante. Como tenía una buena relación con el estudiante, el padre decidió que siempre y cuando me reuniera con él, no presentaría cargos. Entonces nos reunimos por un mes, pero el estudiante no mostró un verdadero deseo de encontrarse o hablar de lo sucedido. No parecía preocuparse por las razones detrás de su acto; tampoco estaba dispuesto a enfocarse en su relación con Dios. De modo que hice lo que pude, pero francamente, estaba perdiendo mi tiempo tratando de llegar a él en reuniones personales. Aunque todavía viene a nuestro ministerio, en realidad no tiene el deseo de crecer o trabajar a través de estos importantes temas. En definitiva, *no* está listo para ser mentoreado».

Para usar una analogía deportiva, si necesitas ayudar a alguien a convertirse en un mejor receptor de pases, por lo menos necesita tener buenas manos y habilidad para agarrar, de lo contrario, estás perdiendo tu tiempo. Un estudiante que será mentoreado, necesita ser la clase de persona que recibirá lo que le proveas en la relación de mentoreo para que se aferre a ello. Si esta persona continúa dejando caer el «balón», deberías entrenar a alguien más.

I: Ilusionado

Los estudiantes que están ilusionados por la oportunidad de ser mentoreados tienen de verdad más posibilidades de beneficiarse de la relación. Por su parte, los que tienen dudas, no deberían ser elegidos. Así que busca el tipo de personas que estén entusiasmadas y tengan la energía para crecer. Una vez más, el mentoreo no es encender el fuego en una persona sino tomar a alguien que ya está en movimiento para proveerle la guía y canalizar su energía.

En un sentido, como mentor colocas rieles al tren para que pueda andar. Si también tienes que intentar encender el motor, habrás duplicado tu trabajo y disminuido la posibilidad de un resultado positivo. Usando otra analogía: el mentoreo es como ayudar a conducir un auto encendido, no encender empujando uno que está apagado. De modo que busca estudiantes que estén motivados internamente; es posible que no siempre sepan qué hacer, pero una vez que tienen un plan y una dirección, ¡abran paso! Ellos harán el trabajo con lealtad e ilusión. Una buena manera de saber si tienen ilusión es probarlos y ver si en realidad están deseosos de convertirse en un devoto seguidor de Cristo de tiempo completo.

Considera este ejemplo de la vida real:

«Han pasado diez años desde que Jeremy y yo nos hicimos amigos. Era su pastor de jóvenes y él, un estudiante de colegio, pero nos hicimos amigos al iniciar una relación de mentoreo semanal. Creé escenarios difíciles en nuestras primeras reuniones con el fin de probar su deseo de ser mentoreado. Le sugerí que nos reuniéramos cada miércoles *temprano* para desayunar en mi casa. En ese tiempo era soltero y compartía mi apartamento con un amigo. En ocasiones, él tenía que tirar pequeñas piedras a mi ventana para que me despertara

(¡Jeremy no era el único que tenía problemas para despertarse temprano!). Nos reunimos temprano mientras tomábamos una taza de café y cereal para hablar de la vida, las chicas, la Biblia, el carácter, autos y cualquier otro tema que surgiera. Él tenía mucha ilusión de reunirse conmigo y aprender de mí. No solo resultó en una relación de mentoreo exitosa sino que además hemos desarrollado una amistad duradera. Esas reuniones, temprano por la mañana, fueron una parte de lo que motivó mi agenda semanal».

S: Sincero

¿Has conocido a alguien que está constantemente pretendiendo ser alguien que no es? ¿O a alguien que es tan poco cuidadoso con la verdad que no confías en lo que dice? La falta de autenticidad es un problema en el mentoreo. Cualquier otra cosa le puede faltar a un estudiante, pero no es una buena idea pensar que serás capaz de «reformar» a una persona que no puede ser autentica, o que es un embustero crónico, por medio de una relación de este tipo.

Debido a que el mentoreo implica un cambio profundo, un estudiante que no está dispuesto a esto por su vida no puede beneficiarse de la relación, y frustrará tus intentos de ayuda. Los buenos candidatos a mentoreo se «mostrarán» con todo lo que tienen dentro. Es posible que estén confundidos con lo que ven y que no sepan lo que deben hacer, pero no tendrás que excavar en capas de resistencia para descubrir lo que les sucede. Es cierto que todos somos más complicados de lo que nos imaginamos. Solo los estudiantes que desean explorar ese misterio interior son candidatos apropiados; los falsos no aplican.

T: Temerario

¡El mentoreo es una aventura! La clase de estudiante que realmente quiere beneficiarse de esta relación debe estar dispuesto a arriesgarse. Un estudiante que siempre «juega a lo seguro» tal vez querrá jugar así con el mentor, y eso los frustrará a ambos. En el transcurso de tu relación de mentoreo harás algunos desafíos. ¿Cómo responderá el estudiante a estos? En ocasiones tendrás que hablar con palabras duras pero ¿cómo lidiará el estudiante con ello? Bueno, debido a que le presionarás a que vaya más arriba y más allá de sus límites actuales, alguien comprometido con la comodidad y el status quo no dará la bienvenida a ese desafío, por lo que desbaratará la razón principal por la que trabajas con él.

Aclaremos que no estamos sugiriendo que limites tu mentoreo únicamente a los estudiantes que les gusta «saltar de los aviones». En realidad, alguna gente que parece tener un temperamento dispuesto a tomar riesgos tiene bastante aversión a que los desafíen en asuntos del corazón; y algunos que parecen son estudiantes tímidos están muy dispuestos a ir con valentía en busca de las desconocidas aguas de la fe y el autodescubrimiento. La clave entonces es buscar a uno que evidencie «hambre y sed de justicia», como Jesús lo dijo (Mateo 5:6) y un apetito por crecimiento personal y espiritual que induzca al deseo de salir de su zona de comodidad si es necesario.

O: Obediente

No, la palabra «joven» no es una equivocación. Por supuesto que sabemos que los estudiantes, por definición, son jóvenes. El punto aquí es buscar por la juventud de espíritu, básicamente mostrada en su deseo de aprender. El joven que piensa que lo sabe todo no es tan «joven» como una persona mayor, que es humilde, dispuesta a aprender y deseosa de tener un mentor que le señale las pautas del crecimiento. El tipo de estudiante que piensa que «lo ha visto todo» o que no está deseoso de que hables de su vida no será un buen candidato al mentoreo. Por otro lado, un estudiante que es dispuesto, curioso y que da la bienvenida a tus comentarios con un espíritu humilde es la clase de persona descrita en Proverbios 15:31-32: «El que atiende a la crítica edificante habitará entre los sabios. Rechazar la corrección es despreciarse a sí mismo; atender a la represión es ganar entendimiento».

Una gran prueba para saber si un estudiante es «joven» en ese sentido es ver cómo maneja una sencilla corrección. Si sientes resistencia o si intentan revertirlo en ti, ese es un indicativo de que no están listos para ser mentoreados. Por otro lado, si reciben tu comentario, incluso aunque sea un poco punzante, es más probable que sean la clase de personas en las que vale la pena invertir. La Biblia en realidad hace notar estas dos reacciones ante la instrucción y lo que significan. En Proverbios 9:8-9 leemos: «No reprendas al insolente, no sea que acabe por odiarte; reprende al sabio, y te amará. Instruye al sabio, y se hará más sabio; enseña al justo, y aumentará su saber». Nota la palabra «no». Así como «no eches perlas a los cerdos», está bien (*ordenado* en realidad) *no* intentar corregir a cierta clase de gente que no quiere recibir lo que le ofreces. Leemos fácilmente «no reprendas», que también significa «no mentorees» a esa clase de estudiantes. En lugar de ello, encuentra estudiantes que sean jóvenes de espíritu y deseosos de ser formados y guiados.

¿Estás listo para quien esté listo?

¿Conoces a algún estudiante que tenga las anteriores características? Es posible que Dios elija a dicho estudiante y te lo muestre, pero lo más probable es que tengas que buscarlo. Tal como Jesús, tendrás que rodearte de muchas personas, observarlos en diferentes contextos y luego seleccionar a quienes mentorearás de entre los muchos que conoces. Haz tu elección con cuidado y en oración, como Jesús lo hizo. Piensa en otro hecho, diferente al de Getsemaní, antes de su agonía en la cruz. Los Evangelios revelan que las oraciones más fervientes fueron por *aquellos que habría de disciplinar* y, una vez escogidos, oró con pasión y persistencia *por* sus vidas. Ellos deben haber sido muy importantes para él. Entonces, ¿por qué no te permites este preciso instante para pedirle a Dios que coloque en tu vida un estudiante *listo*? Pídele que te permita ver lo que él ve en un estudiante joven, y sabiduría y discernimiento para saber escoger al que Dios te ha preparado para que mentorees. Prepárate, pues estás a punto de empezar una emocionante jornada.

El mundo real

Tengo dificultades tratando de no sentir que todo este asunto del mentoreo es una manera de tener favoritos ¿Cómo elijo a un estudiante y no a otro sin sentirme culpable de favoritismo?

Después de todo, ¿qué es el favoritismo? Es tratar a alguien mejor o como si fuera más importante por *razones superficiales*. (En Santiago 2:1-4, el ejemplo es tratar a

un rico mejor que a un pobre porque quieres su aproba-
ción). No obstante, piénsalo, porque si tienes hijos, ¿no
los tratas diferente que a los otros niños? ¿Es eso favoritismo? Por supuesto que no, porque los criterios no son
superficiales o egoístas. Así que es absolutamente apropiado preocuparte por tus hijos de una manera particular porque tienes una responsabilidad establecida por la
relación. Asimismo, Jesús amó al mundo, pero eligió a los
doce. Eso no significó que los otros no podían escucharlo
o beneficiarse de su ministerio. Él no hacía favoritismos,
pero si *hacía* distinciones entre diferentes clases de relaciones con propósitos específicos. En ese sentido, es lo
que haces cuando eliges a un estudiante *listo*: estableces
una relación particular con un propósito, basada en los
criterios apropiados (no los superficiales). «Por lo tanto,
siempre que tengamos la oportunidad, hagamos bien a
todos, y *en especial* a los de la familia de la fe» (Gálatas
6:10, *énfasis añadido*). O, parafraseando: «Haz el bien
a todos los estudiantes de tu ministerio, pero *en especial*
cuida a quienes mentoreas».

**Soy pastor de jóvenes con varios voluntarios que ayudan
en el ministerio y debo pasar tiempo entrenándoles ¿No
interrumpiría el mentoreo estas relaciones?**

No tanto como te imaginas. Lleva al estudiante a tus reuniones con los voluntarios. Permite que vea lo que haces
con un voluntario, y permite a los voluntarios observar lo
que haces con el estudiante. Parte de lo que inspira a tus
voluntarios a servir y seguir tu liderazgo es cómo te ven
dar ejemplo en el ministerio, ya que el mentoreo es una
gran herramienta para ello, una bendición para ellos, así
como para el estudiante.

**¿Qué debo decir a los padres que no son cristianos o que no
quieren que mentoree a su estudiante joven?**

Debes respetar el deseo de cada padre en lo que se refiere a su hijo. Por supuesto que puedes tratar de exponer
tu caso sobre los beneficios que provienen del mentoreo,

pero una vez hecho esto, si persisten en decir no, debes confiar en Dios y elegir a un estudiante diferente.

Resumen del capítulo

Versículo a recordar:

«Lo que me has oído decir en presencia de muchos testigos, encomiéndalo a creyentes dignos de confianza, que a su vez estén capacitados para enseñar a otros» (2 Timoteo 2:2).

«Quién» es tan importante como «qué» en lo que se refiere al mentoreo. Por eso debemos elegir con cuidado a los estudiantes que mentoreamos. Cinco cualidades clave a buscar pueden ser recordadas en el acróstico de *listo*.

L: **Leal.** El estudiante debe demostrar confiabilidad y un buen manejo de responsabilidades básicas.

I: **Ilusionado.** El estudiante debería estar ansioso por ser mentoreado y tener iniciativa.

S: **Sincero.** El estudiante debe ser diáfano y estar dispuesto a ser real.

T: **Temerario.** El estudiante debe estar dispuesto a crecer, a ser desafiado y tener un apetito por el progreso.

O: **Obediente.** El estudiante debe estar dispuesto a aprender, a que le enseñen, y a recibir correcciones y comentarios.

Un ambiente seguro

Jesús dijo: «Cuídense de los falsos profetas [o líderes, o maestros]. Vienen a ustedes disfrazados de ovejas, pero por dentro son lobos feroces» (Mateo 7:15, *énfasis añadido*).

No quiero sonar alarmista, pero reflexionemos sobre esta sobria verdad: existe gente trabajando con estudiantes que les hará daño de alguna manera. De hecho, puede haber una persona leyendo estas palabras que esté a punto de convertirse en un *perpetrador*. Las manos de alguien que sostiene este libro podrían algún día tocar el cuerpo de un estudiante de manera pecaminosa o destructiva (o quizá peor, podría haber sucedido ya).

«¡Oye, ese no soy yo!», podrías decir. Y gracias a Dios eso es verdad. Aun así, necesitas estar consciente de que puede haber alguien que conoces que quiere convertirse en mentor con una máscara que cubre su verdadera intención con el fin de buscar jóvenes vulnerables para explotarlos. La Biblia promete que lo que está oculto saldrá a la luz. Motivaciones oscuras conducen a acciones dolorosas, las cuales, con el tiempo, mostrarán las intenciones secretas que las originaron.

La gente que les hace daño a los estudiantes no solo lo hace por accidente. Muchos pequeños pasos deben haber sucedido antes de que ocurriera la gran y abusiva situación. Tales planes pueden ser conscientes o inconscientes, sin embargo, son planes. Por eso somos advertidos en la Escritura a estar alerta de nuestro mundo interno, para que no seamos «como el buey que va camino al matadero; como el ciervo que cae en la trampa ... como el ave que se lanza contra la red, sin saber que en ello le va [se nos va] la vida» (Proverbios 7:22-23, *énfasis agregado*). Por lo tanto, nuestro trabajo como líderes es interrumpir los planes destructivos de nuestra naturaleza pecadora (y extenderlo a quienes podamos, además de ayudar a otros a que vean y detengan la suya) para asegurarnos de que sean mentoreados por gente segura en un ambiente seguro. La seguridad es preocupación de todos, no solo del director del ministerio de jóvenes.

Buenas intenciones que salen mal

Por fortuna (a pesar de la precaución necesitada) la sobrecogedora mayoría de gente que trabaja con estudiantes tiene las mejores intenciones. Sin embargo, las circunstancias existentes pueden atraparlos desprevenidos y ponerlos a prueba. En momentos de debilidad, lo que es impensable se convierte en admisible; lo que antes era resistido, podría parecer difícil de resistir. Y si una persona vulnerable o dispuesta está en el otro lado de la ecuación, lo que sigue es el desastre.

Todos hemos escuchado demasiadas historias de líderes de jóvenes que han fallado al mantener buenos límites, incluso cuando esto era lo más lejano en sus mentes al entrar al ministerio. Los trágicos resultados han destrozado la vida de muchos y han dejado cicatrices duraderas en la iglesia y en la reputación de Cristo en el mundo.

Pablo advirtió: «No se preocupen por satisfacer los deseos de la naturaleza pecaminosa» (Romanos 13:14). Tu cuerpo puede querer algo que no debería tener o alguien más podría tener dicho anhelo y acercarse a ti. El pecado ocurre solo cuando la voluntad coopera. Y debido a que nuestra voluntad en ocasiones es débil, debemos colocar salvaguardas para que nosotros (y aquellos que nos rodean) que mentoreamos a los estudiantes, lo realicemos con la mayor integridad.

Hablar claro sobre las salvaguardas

Este capítulo será muy práctico y específico. Queremos que los estudiantes estén seguros y que quienes trabajan con ellos estén por encima de cualquier reproche, incluso hasta el punto de protegerse a ellos *de sí mismos*. Pablo le enseñó a su discípulo: «A los jóvenes, exhórtalos a ser sensatos. Con tus buenas obras, dales tú mismo el ejemplo en todo. Cuando enseñes, hazlo con integridad y seriedad, y con un mensaje sano e intachable» (Tito 2:6-8). Y también le advirtió a otro de sus amados: «Ten cuidado de tu conducta y de tu enseñanza. Persevera en todo ello» (1 Timoteo 4:16). De modo que necesitarás vigilarte con diligencia y ayudar a otros mentores que te rodean a hacer lo mismo. La experiencia nos ha enseñado algunas guías básicas para mantener segura la relación de mentoreo. Gracias a Dios, un sentido común mencionado desde las Escrituras será a menudo la guía para hacer lo correcto, claro que si prestas atención a las advertencias que te da.

Cuando comienzas

Antes de que en realidad te reúnas con un estudiante, notifica a un supervisor de tu intención de mentoreo. Si eres parte del personal de una iglesia, sería a la persona a quien reportes; si eres voluntario, sería al personal que supervisa tu trabajo de voluntario. Discute la clase de cosas que harás con el estudiante y la frecuencia estimada de reuniones. Pregunta si tu supervisor tiene una preocupación o consejo. También dale a la persona los nombres reales del estudiante o estudiantes que pretendes mentorear, y mantente en contacto con tu supervisor mientras se desarrolla esa relación.

Los hombres necesitan mentorear muchachos jóvenes y las mujeres, chicas jóvenes. Se pueden hacer excepciones si lo haces con dos o tres estudiantes que siempre estarán contigo en grupo. En ese caso, uno de ellos puede ser del sexo opuesto, pero de manera general, esto no debe suceder. Lamento que en esta época se haya incrementado el abuso del clero hacia el mismo sexo, incluso esta medida no es suficiente para proteger por completo a los estudiantes. Entonces, si tú o alguien de tu ministerio tiene un historial de atracción con el mismo sexo, con seguridad lo mejor será no entablar un mentoreo personal. Necesitamos señalar que una atracción por el mismo sexo no es inherentemente una tentación más «peligrosa» que la atracción heterosexual, pero las dos tienen que ser atadas con rigidez para que no ocurran acciones inapropiadas. Si experimentas atracción por un estudiante, ya sea del mismo sexo o del otro, está fuera de discusión mentorearlo; hay muchas otras áreas en las cuales servir, sin ponerte una trampa para caer y herir a un estudiante de por vida.

En ese sentido, asegúrate de discutir tus intenciones de mentoreo con los padres del estudiante. Ellos necesitan saber qué estarás haciendo con su hijo, la frecuencia de las reuniones programadas, la clase de límites que establecerás, el hecho de que tu supervisor te apoya y está siendo notificado y cualquier otra información relevante. Ten conciencia de que los padres pueden responder de muchas formas. La mayoría quizá se entusiasmará que quieras edificar a su hijo y harán todo lo que puedan para cooperar por completo y apoyar tus esfuerzos. Algunos estarán desconcertados de que quieras tener tiempo con su hijo; ellos nunca han visto a nadie hacer esta clase de inversión en una persona que no tenga lazos de sangre. Es posible que otros se pongan suspicaces respecto a tus motivaciones, y es posible que encuentres algunos que simplemente no quieran que tengas nada con sus hijos y rehúsen permitirlo. Cualquiera que sea la reacción de los padres, asegúrate de que sepan que estás por completo sometido a sus deseos en referencia a su hijo o hija y que estarás involucrado solo en la medida que ellos lo permitan.

La mamá de Troy y Trevor

Era otro hermoso día en la soleada California cuando yo, Bo, me detuve frente al apartamento. Estaba un poco nervioso, pues conocería a Karen, una madre cabeza de familia de dos hermanos a quienes yo empecé a mentorear: Troy y Trevor. Antes de verla, había hablado vía telefónica con ella en varias ocasiones. Le había hablado de mí y de los detalles concernientes a lo que con sus hijos estábamos haciendo. Había sentido su aprecio y total confianza cuando hablamos por teléfono, pero esta era la primera vez que nos encontrábamos frente a frente. Era importante que conociera mi corazón; yo también quería que se sintiera segura y tranquila de mis intenciones al trabajar con sus hijos.

Cuando golpeé la puerta, Trevor gritó: «Pasa, Bo». Al entrar en la casa, de inmediato me tranquilicé. Por lo que me rodeaba, sentí que Karen tenía un don de hospitalidad. Sentí bienestar en su hogar y su creatividad era evidente en todo sitio al que miraba. Sonreí cuando me di cuenta de dónde Troy había sacado su creatividad.

Entonces, Karen me ofreció una taza de café mocha. Nos sentamos en la mesa de la cocina mientras los chicos se preparaban para salir a ejercitarse conmigo en el gimnasio. Karen ya sabía que yo era profesor y entrenador y que pasaba tiempo con sus hijos como parte del ministerio de jóvenes que lideraba. Me hizo preguntas sobre mi vida personal, mi esposa y mis hijos. Estaba contento de hablar con libertad porque era importante para mí que supiera que no era algún «raro» sino un padre que amaba a su familia y a Dios, y que era devoto al ministerio al que el Señor me había llamado a servir. Quería que supiera que estaba ahí para apoyar sus responsabilidades como madre y para ayudar a sus hijos en su relación con Dios. Cuando ella se ofreció a orar por mí y mi familia, supe que esto se desarrollaría como una buena amistad.

Mientras hablábamos, los chicos gritaban de vez en cuando preguntando por alguna cosa que no encontraban. Karen respondía con calma, como todas las mamás que aparentemente parecen omniscientes sobre dónde habían sido vistas las cosas por última vez en la casa. Presté atención, y noté cómo los chicos la trataban. me di cuenta que debía tener una conversación con ellos sobre eso y el honor a los padres, y también sentí que había lecciones para mí, como un nuevo papá que observaba cómo Karen manejaba a sus hijos.

No nos tomó mucho tiempo para comenzar a reírnos de los chicos y de sus diferencias en algunas áreas, sus similitudes en otras y de cómo siempre olvidaban o perdían algo. Cuando Trevor y Troy estaban listos para ir al gimnasio, no había terminado aún mi café. Entonces Karen dijo: «Llévatelo, no te preocupes por eso». Cuando me levanté para salir, le pregunté sobre la música cristiana que había colocado mientras hablábamos. Ella me dijo el nombre del artista y me dio el CD para que lo escuchara. Pude ver de dónde Trevor había sacado su espíritu generoso.

Al salir de esa casa, me habían recordado algunas verdades importantes: cuánto amaba esta madre a sus hijos, qué privilegio era mentorearlos, cómo ella me confiaba la vida de sus hijos y cuán importante era que tuviera su apoyo. También estaba sorprendido por cuánto significaba que hubiera orado por mí, al igual que por ella. Me sentí bien de saber que teníamos algún tipo de afinidad. En muchas ocasiones salí de su casa con una taza de café a medio tomar en la mano, y sentí que había estado en la presencia de un buen amigo.

Aunque el tiempo y la distancia nos separan, sé que podría entrar a su casa, sentarme frente a una taza de café mocha y hablar de los recuerdos que tengo de sus dos «locos» hijos, ahora hombres grandes con sus propias familias. Toda esta familia ha sido parte de la mía. A través de esta relación de mentoreo he recibido mucho más de lo que he dado.

La conexión paternal

Conocedor de cuán importante es el apoyo de los padres, un sabio pastor de jóvenes que conocemos se reúne a veces con los padres de los estudiantes que están siendo mentoreados por otros voluntarios en su ministerio, no solo con los que él mentorea. Este pastor escribió:

«Una cosa que nuestro ministerio hace es ayudar a los padres a saber que sus hijos están seguros. En una ocasión, cuando hablábamos por primera vez con una madre sobre nuestro ministerio, me preguntó: "¿Quién mentoreará a mi hijo y qué clase de cosas harán?" Le respondí: "¿Le gustaría ver la carpeta que tenemos del mentor de su hijo?". Ella dijo que sí. Le mostré un perfil que hacemos de cada mentor y que contiene información personal: estado marital, antecedentes y un pasado judicial. Luego de mostrarle nuestros procedimientos de seguridad y hacerle visitar nuestras instalaciones, tenía una sonrisa de «oreja a oreja» en su cara. Me dijo: "Estoy completamente segura y cómoda de que mi hijo esté aquí y que trabaje con este hombre. Gracias por hacer esto por él"».

Además de tu conversación inicial con los padres del estudiante, es una buena idea darles información cada dos o tres meses, a manera de reporte de progreso. Hazles saber lo que haces y los cambios o problemas que ves en su hijo. Pregúntales sobre su perspectiva de cómo están las cosas; tendrás una gran comprensión del comportamiento que ellos ven en casa. Una cosa que resulta delicada es saber cuánta información específica dar a los padres, porque estás tratando de mantener confidencialidad con el estudiante, mientras que al mismo tiempo debes respetar el hecho de que él es un menor y los padres tienen la autoridad legal. Como regla, es mejor contar menos detalles que más. Describe las tendencias generales, pero evita hablar de cosas específicas que puedan ser vergonzosas para quien mentoreas.

Hay dos excepciones a esta regla. Primera: si el estudiante muestra una tendencia a lastimar a otros o a sí mismo, debes informar de inmediato a los padres y a tu supervisor. La segunda: si has escuchado de algo que *ellos* están haciendo que sea ilegal y que dañe a alguien. Por ejemplo, si un estudiante al que mentoreas te confía que su padre está abusando de su hermana menor, reporta de inmediato la situación a tu supervisor y a las autoridades para que realicen una investigación. Por otro lado, un estudiante te podría confiar que sospecha que su madre está teniendo un romance y que su padre no sabe nada al respecto. Sin exponer a los involucrados, reúnete con tu supervisor o pastor para discutir la mejor acción posible. En ese caso, aunque la acción es mala y lastimará, no es algo que tú *debas* reportar. Debe ser manejada con sensibilidad, sabiduría y con la ayuda de otros consejeros de confianza. No enfrentes esta dura situación solo: «Atiende al consejo y acepta la corrección, y llegarás a ser sabio» (Proverbios 19:20).

Lugares de reunión

Dado que el núcleo del modelo «compartir» es que el estudiante se conecte contigo en una variedad de ambientes, podrías malentender una importante norma del mentoreo: *tú y el estudiante no deben estar solos en un lugar que no sea público.* Definitivamente necesitan pasar tiempo juntos en el que deberán tener conversaciones importantes que son *privadas*, pero no deben estar *aislados*.

Por ejemplo, en un bonito día, podrías hacer una caminata por el parque. Están «solos» en el sentido de que nadie les interrumpirá o escuchará sus conversaciones privadas, pero habrá —y tendrá que haber— gente a la vista todo el tiempo. Un estudiante puede estar en tu casa jugando videojuegos o haciendo un proyecto contigo, pero solamente cuando un miembro de la familia u otro estudiante esté ahí también.

Un área «gris» es llevar a alguien hasta su casa en el auto. Lo mejor es evitar esas ocasiones al máximo, aunque tal vez no sea necesario prohibirlas. Una vez más, tú y tu supervisor deben tener esto deletreado para que no existan malentendidos.

Detente, mira, escucha

He aquí una manera simple de mantener esto claro: *detente, mira y escucha*. Cuando los padres enseñan a sus pequeños hijos a cruzar la calle, con cierta periodicidad usan estas tres palabras como una manera de recordar cómo hacerlo con seguridad: primero, *detente* por completo; despúes *mira* a ambos lados para ver si vienen autos y, finalmente; *escucha* el sonido de lo que podrías no ver. Una vez que hayan hecho esto, los niños pueden cruzar.

Por analogía, cuando estás en una situación de mentoreo:

Detente. Antes de cualquier reunión o actividad «compartir», detente y pregúntate: *¿es sabio hacer esto con un estudiante?* Considera la situación desde diferentes ángulos. ¿Sabe tu supervisor dónde están? ¿Saben los padres del estudiante dónde están? ¿Qué les parecería a ellos o a tu cónyuge (si estás casado) lo que estás haciendo? ¿Está sucediendo algo de lo cual te sentirías avergonzado de grabar en video y proyectarlo en pantalla grande en tu iglesia?

Mira. ¿Ves a otros a tu alrededor? Recuerda que necesitas que te vean todo el tiempo. Reúnete en lugares públicos, aunque estén hablando solo los dos. No vayas a ningún lugar donde no haya otros en los alrededores. Esto protege al estudiante y también te protege a ti de falsos alegatos por mal comportamiento.

Escucha. Revisa con tu instinto o con lo que el Espíritu Santo le esté diciendo a tu espíritu, ¿qué te dice Dios sobre lo que sucede en ese momento? También, mientras escuchas lo que el estudiante te dice o al observar su comportamiento, si hay alguna señal de advertencia, cualquier pista que pueda estar rondando en tu cabeza que te diga que es tiempo de traer ayuda adicional. Escucha en diferentes niveles al estudiante, a ti mismo y a tu Padre celestial para que puedas hacer lo que es mejor para él y mantener así la seguridad.

Los límites del estudiante con nosotros

No solo mantenemos a los estudiantes a salvo al asegurarnos de que nosotros tenemos los límites apropiados con ellos sino que también necesitamos ayudarles a tener buenos límites con nosotros. Eso significa ayudar a los estudiantes a que tengan expectativas realistas de ti.

Es común que la etapa inicial de la relación de mentoreo se caracterice por ayudar al estudiante a que aprenda a confiar en ti. Al pasar más y más tiempo «compartir», el estudiante poco a poco te verá seguro y confiable, como debe ser.

No obstante, una cosa curiosa puede ocurrir. Algunos te comenzarán a ver «más grande que la vida», y colocarte en un pedestal. Podrían verte como un padre sustituto, un salvador, alguien que ha venido a rescatarlos y a solucionar todos sus problemas. Es posible que pidan tu consejo y que lleguen a depender tanto del mismo que difícilmente sigan su propio criterio. En su inmadurez, se apoyan demasiado en ti y, aunque esto es comprensible, y para algunos una fase normal de la experiencia de mentoreo, debes ayudarles a que vean los límites realistas de su relación. No puedes estar disponible veinticuatro horas al día, siete días a la semana. No siempre das la respuesta correcta. No eres un terapeuta gratuito. Es posible que no estés dispuesto o seas capaz de ayudar en una determinada situación.

Cuando la decepción golpee, el estudiante podría sobrereaccionar y presionarte. Podría ponerse pasivo-agresivo y «liquidarte». La mejor forma para evitar esta reacción es, de una manera gentil, hacerle saber en todo momento cuáles son tus límites, saber «dimensionar» la relación. Y si una sobrereacción ocurre, no deberás hacer lo mismo; tómalo con calma y continúa edificando su confianza mientras le ayudas a ver que nadie jamás en su vida será perfecto y que no debe poner tales expectativas en su relación.

Un mentor admitió la dificultad al establecer estos límites y al mismo tiempo confirmó la necesidad de hacerlo:

«Pasar tiempo juntos es un ingrediente importante en las relaciones de mentoreo, como también lo es disfrutar con mi familia como una prioridad. Eso significa que no siempre estoy disponible para salir con los estudiantes cuando quieren. Decir «no» en ciertas ocasiones para salir a comer, jugar cartas, torneos de videojuegos, ver una película, etc., no es fácil, pero mis estudiantes saben que estoy comprometido a invertir en ellos y que esa inversión viene *después* de haber atendido las necesidades de mi familia. Aunque en ocasiones se sienten decepcionados cuando no podemos salir tanto como quisieran, ven un ejemplo de lo que significa ser un buen esposo y padre. Creo que esto les ayudará con sus futuras familias y posiblemente mejorará su actitud hacia sus familias en la actualidad».

Para la gente joven es común ver las situaciones en blanco y negro, y en términos de todo o nada. Esto es verdad en su mundo relacional, donde las relaciones, incluidas las románticas, tienden a viajar en una montaña rusa de emociones. Se necesita madurez para que vean que, aunque lleguen a confiar en ti y les hayas decepcionado en alguna forma, la verdad es que eres un buen amigo en quien vale la pena confiar, aunque no en la manera absoluta en la que ingenuamente se involucraron. Navegar a través de este canal problemático es parte del proceso, y está en ti el esperarlo, ser sabio al respecto y hacer todo lo que puedas para estar preparado. No permitas que te agobie la inmadurez relacional del estudiante.

Los límites relacionales de Jesús

Todos sabemos que Jesús era muy amoroso con toda la gente; era la encarnación del amor. Sin embargo, aceptó términos en sus relaciones e incluso estableció límites que en ocasiones decepcionaron a muchos. No siempre hacía lo que otros esperaban que hiciera y, en ocasiones, no cumplió sus pedidos.

¿Cómo es posible amar a la gente y decepcionarla al mismo tiempo? La única manera de lograrlo es tener el sentir de que estás haciendo todo lo que Dios quiere, aunque no estés haciendo lo que ellos quieren. Colocando a Dios y amándolo a él primero y por encima de todo, tienes la libertad de amar a otros dentro de los límites de la vida. Y bueno, habrá ocasiones en las que tengas que establecer dichos límites, incluso cuando hay oposición. No obstante, con la ayuda de Dios, puedes hacer eso y sentirte libre de culpa de que no estés haciendo, de alguna forma, lo incorrecto.

En este sentido, debemos escuchar a Dios con el fin de saber dónde están esos límites y, en última instancia, ser alguien que confía en él por un perfecto amor al saber que ningún ser humano suplirá nuestras más profundas necesidades. Cuando nos preocupamos por la gente, resulta fácil pensar que al amarlos recibiremos algo a cambio. Dios nos ha hecho de tal manera que esos beneficios usualmente ocurren; pero no podemos mentorear a un estudiante con la idea de que, al amarlo, de alguna forma supliremos nuestra necesidad de recibir amor, así como Jesús pudo haber amado a los pecadores al esperar que le amen y le hagan sentir que todo valía la pena. El amor, por su parte, tiene que ser una «entrega sin cuerdas atadas». De manera paradójica, al moldear en un estudiante esta clase de amor, a menudo *sí* experimentamos una sensación de satisfacción recíproca. No obstante, cuando buscamos que lo que recibimos a cambio sea para nuestro beneficio, tal vez no ocurra y un estudiante podría sentirse usado, porque sienten nuestra necesidad por su respuesta. Esto también nos alista para cuando tengamos que reprender a los estudiantes, sin temor de no «gustarles» a ellos. Necesitamos tener un sólido sentido de autoridad espiritual y valor para mantenernos firmes cuando sea apropiado.

Jesús fue capaz de ministrar tan bien a tantos porque no «necesitaba» a la gente. Su relación con el Padre celestial era tan segura y satisfactoria que podía entregarse a los pecadores, que le desilusionarían, sabiendo que amarlos era lo correcto, aunque no era fácil.

Fíjate en el siguiente pasaje del Evangelio de Juan, que es curioso y fácil de malinterpretar: «En cambio Jesús no les creía porque los conocía a todos; no necesitaba que nadie le informara nada acerca de los demás, pues él conocía el interior del ser humano» (Juan 2:24-25). Otra versión lo dice de la siguiente manera: «Pero Jesús, por su parte, no se confiaba a ellos, porque conocía a todos, y no tenía necesidad de que nadie le diera testimonio del hombre, pues él sabía lo que había en el hombre» (LBLA).

Jesús era capaz de amar a la gente porque no estaba ilusionado de que ellos fueran capaces de satisfacer sus más profundas necesidades relacionales. Sabía que tenía que confiar en su Padre celestial para esa clase de amor; eso le dio la libertad de ser cortés y amoroso con todo el mundo, incluyendo la gente buena que podría desilusionarlo o la mala, que lo traicionaría. También podía amar a sus enemigos; hacerlo con los demás era un don porque estaba seguro del amor de su Padre.

Asimismo, debemos amar a quienes mentoreamos y mostrarles que deben tener como su prioridad más importante la relación con su Padre celestial, no con nosotros (ni esposa, padres, ni otra persona [cf. Mateo 10:37]). Como *nos apoyamos* y *confiamos en* Dios, *amamos* a la gente. Es cierto que es un problema cuando cambiamos las cosas, y cuando nos apoyamos y confiamos ciegamente en los débiles seres humanos.

Resumen de seguridad

Un ambiente seguro para mentorear requiere pasos prácticos por fuera y fortificaciones por dentro. Los estudiantes estarán bien servidos por mentores que siguen reglas sencillas y de sentido común para los momentos «compartir»; quienes se *detienen, miran* y *escuchan* cuando están juntos y prestan cuidadosa atención cuando establecen límites buenos, tanto interna como externamente.

En este sentido, piensa en usar la siguiente lista para recordarte cómo mantener un ambiente seguro. Asimismo, asegúrate de que otros mentores que trabajen contigo tengan estas normas en mente en todo instante. Recuerda que necesitamos trabajar juntos y no permitir que el enemigo nos descalifique. Mientras revisas la lista adjunta, ora y pídele a Dios que te proteja a ti y a todos los que estás mentoreando. Permite que él nos escuche con un solo corazón, y pide su protección cuando alcancemos y lideremos a esta generación para Cristo.

Lista del mentor seguro
Detente, mira y escucha

☐ ¿Esta actividad o conversación pasa el examen del sentido común?

☐ ¿Cómo me sentiría si lo que estoy haciendo fuera proyectado en pantalla grande para que toda la iglesia lo viera?

☐ ¿La persona que me supervisa sabe dónde estoy y lo que estoy haciendo?

☐ ¿Cómo se sentiría un padre sobre lo que estoy haciendo con su hijo?

☐ ¿Alguien más me está viendo aparte del estudiante?

☐ ¿Estoy sintiendo atracción o cualquier otra emoción que resulte inapropiada?

☐ ¿Qué siento que Dios dice con respecto a esta conversación o actividad?

☐ ¿Presenta el estudiante una circunstancia para la cual necesito ayuda externa?

El mundo real

Suena aterrador. Tanta gente mala en el mundo. ¿Cómo puedo asegurarme que uno de ellos no está en el grupo en el que estoy?

No puedes estar *seguro*, así que tienes que ser *cauteloso*. Ten un plan. Si no eres el líder, habla con esa persona para hacer un plan que rija para todos. Revisa a cada voluntario y ten una póliza escrita de protección para el niño con el fin de que todos los padres la reciban. Al hacerte esta advertencia, la experiencia nos dice que una vasta mayoría de gente tiene buenas intenciones y hará las cosas bien. Con un buen plan, no tendrás de qué preocuparte.

Tengo dificultades estableciendo límites y podría sobre-comprometerme o sentirme culpable por lo que no estoy haciendo. ¿Debería ser mentor?

Definitivamente necesitas ser cuidadoso. Si estás consciente de tu lucha con los límites, el primer paso es buscar ayuda. Considera la posibilidad de conseguir consejería cristiana. Por otro lado, este podría ser un gran ejercicio para desarrollar mejores límites. Encuentra personas que se responsabilicen de ti, caminen a tu lado y te den consejos sabios; no lo hagas solo. La clave es proteger al estudiante y a ti, y proveer un gran ejemplo en la relación de mentoreo. Todos tenemos cosas en las cuales trabajar; y si tenemos que esperar a que seamos perfectos para ministrar, ninguno sería un mentor. Recuerda, puedes hacerlo. Da el primer paso, ora, y Dios te dará la dirección. El hecho de que estés consciente de tu debilidad es ya un paso en la dirección correcta.

No quiero sentirme molesto por tener que establecer límites con un estudiante que tiene ideas erróneas. La sola idea de tener que trabajar duro para asegurarme de que no soy malinterpretado me parece demasiado problemática. Simplemente seguiré con otras actividades y obviaré el mentoreo.

¡Despacio, no tan rápido! Todos sabemos que el ministerio implica trabajo duro y obviamente hay algunos riesgos en todo ministerio de jóvenes. La presencia de dificultades no debería determinar si se hace o no algo. Dios podría estar llamándote a que des un paso de fe. Esto podría ser justo lo que él quiere que hagas. Por favor, reconsidéralo. Los beneficios sobrepasan en gran medida el costo, tanto para ti como para el estudiante que mentoreas. Habla con alguien que esté ya en una relación de mentoreo, pues te podría ayudar a tener una mejor perspectiva. Se necesita de todos para hacer la diferencia en esta generación; que te incluye a ti.

Resumen del capítulo

Versículo a recordar:

«Atiende al consejo y acepta la corrección, y llegarás a ser sabio» (Proverbios 19:20).

Los estudiantes necesitan gente segura para que sean sus mentores. Incluso los mejores de nosotros necesitamos seguir algunas normativas de sentido común para asegurarnos de que nosotros y los estudiantes que mentoreamos tenemos esa seguridad. Los mentores debemos tener comunicación sincera y clara con los padres del estudiante para que ellos sean informados, tanto de nuestras intenciones como de nuestras actividades. La sencilla regla: «Detente, mira y escucha», puede mantener la relación segura cuando estén juntos:

- *Detente* y pregúntate si esta actividad es sabia
- *Mira* y asegúrate de que alguien esté a su alrededor
- *Escucha* tus instintos y al Espíritu Santo y advierte sobre lo que estás haciendo.

También necesitamos establecer límites realistas con los estudiantes para que no esperen atención o tiempo que no podemos o no debemos dar. Asimismo, debemos chequear personalmente con otro mentor confiable para asegurarnos que no estamos actuando de manera inapropiada.

Capítulo seis

Una invitación clara

El día en que Jesús llamó a Simón y a su hermano Andrés para que le siguieran, trabajaban lanzando una red al agua. El Señor ingresó a lo que para ellos era una situación normal y en una poderosa manera los desafió a que le siguieran en una extraordinaria aventura. Ellos hubieran podido tener una buena vida manejando el negocio de pesca de la familia. Sin embargo, Jesús quería que «compartieran» con él, que fueran más allá de las ambiciones terrenales y tuviesen una visión del reino de los cielos. En el proceso, los transformaría en «pescadores de hombres» (Mateo 4:19). Su invitación fue creativa, pero más importante aún, fue *clara*. Ambos sabían que les estaba invitando a algo significativo, a una relación que cambiaría sus vidas para siempre. Es verdad que algún misterio rodeó *cómo* esa transformación sucedería, pero no había duda de que la metodología involucraría el «factor compartir», y que pasarían por una metamorfosis de pescadores a pescadores de hombres.

Selección deliberada

Una cosa que hace que el matrimonio se cohesione con fuerza es que cada persona selecciona deliberadamente a la otra. No puedes escoger a tus padres o a tus hermanos, pero cuando te casas, dices:

«Sí, acepto» a otro ser humano. El proceso de búsqueda, reunión y encuentro de la persona, y luego la decisión de hacer la relación permanente, ayudan a dos personas a mantenerse comprometidas. Tienes un amplio campo para escoger, así que, a quien tú escojas, le dice mucho de cómo sientes por la persona.

Ahora bien, es claro que el mentoreo no es una relación tan permanente o sagrada como el matrimonio, pero el poder de elección es aun así un motivador fuerte y poderoso. Como mentor, puedes escoger entre muchos potenciales estudiantes. Es bueno tanto para ti como para el estudiante empezar ahí. También que se den cuenta de esto más allá del entendimiento básico de que ambos están *eligiendo* esta relación por una temporada. Aunque es posible que el estudiante sea presa de un poco saludable orgullo o sentido de favoritismo, es un riesgo que vale la pena tomar. Esta también es una actitud que puede ser tratada temprano en el proceso de mentoreo. Por eso es bueno que el estudiante sepa que podías haber elegido a otros, pero decidiste invitarle a esta relación. Asimismo, debes darte cuenta de que el estudiante podría escoger hacer muchas otras cosas con su tiempo, pero está dispuesto a tener reuniones contigo como su prioridad. Este fundamento les ayuda a ambos a conocer que en esta relación vale la pena invertir. Entonces, cuando te sientas tentado a alejarte si las cosas se ponen un poco duras, pueden retomar el significado del compromiso que se hicieron uno al otro.

Esperar y confiar

Acabábamos de finalizan la adoración con un tiempo de oración y reflexión, cuando yo, Bo, miré alrededor a los sesenta estudiantes de colegio reunidos esa noche. Sentí la verdadera sensación de la presencia de Dios. Brad, un muchacho de dieciocho años que había liderado la adoración por un corto periodo, había hecho un estupendo trabajo al guiarnos a la presencia de Dios.

Luego de la adoración, dejó su guitarra y comenzó a hablar de lo que Dios estaba haciendo en su vida. Cuando le vi abrir la Biblia y enseñar, se veía seguro y también humilde.

Lo estuve mentoreando por casi año y medio. No pude evitar sentirme orgulloso de él, pues había atravesado varias pruebas y yo le vi perseverar y esperar con paciencia en Dios. Ahora el Señor usaba sus dones para que hablara a sus compañeros y ayudara a otros a encontrar el amor de Jesús.

Esta era una imagen muy diferente a la de aquel Brad que vi y conocí por primera vez tres años atrás. Yo era entrenador de fútbol en la secundaria a la que él asistía. No lo conocía muy bien, pero él me conocía por el estudio bíblico y el ministerio de jóvenes que lideraba. Me sorprendí entonces un día cuando fui a la práctica y lo vi de pie ahí esperando hablar conmigo. Parecía nervioso y anduvo por las ramas hasta que, finalmente, dijo: «Bo, ¿estarías dispuesto a mentorearme?». Me di cuenta de que necesitó mucho coraje para pedírmelo. Cuando lo miré a los ojos, pude ver una mezcla de miedo y esperanza. Él parecía al mismo tiempo asustado de que le dijera sí y prevenido ante la decepción de que fuera un no.

No obstante, puse mi mano en su hombro y le dije: «Brad, gracias por pedirme que sea parte de tu vida. Me emociona ver tu deseo de crecer en Cristo, pero necesitamos retroceder un poco y trabajar en esto. ¿Por qué no te reúnes conmigo luego de la práctica? Hablaremos de lo que involucra una relación de mentoreo».

Cuando me reuní con él, luego de la práctica, le pregunté dónde estaba en su vida, lo que en realidad quería hacer y los pasos que quería dar en su relación con Dios. Escuché su historia y me di cuenta de que este era un chico que en realidad quería crecer. Sin embargo, no estaba listo todavía para una relación de mentoreo. De modo que le expliqué el compromiso que se requería para que alguien fuera mentoreado y, con honestidad, le dije que pensaba que no estaba completamente listo. Me aseguré de que este joven me escuchara decir que estaba orgulloso y que creía en él. Mientras tanto, lo desafié a que diera unos pasos por su propia cuenta. Oré por él y, una vez más, le recordé que estaba muy contento de ver que su corazón crecía. Cuando la conversación terminó y Brad se alejó caminando, oré: «Dios, protégele». También me preguntaba si haría lo que le había desafiado hacer: que asistiera al estudio bíblico.

Brad apareció a la siguiente semana. Le dije cuán bueno era que estuviera ahí. Le di la bienvenida y me aseguré de que se sintiera parte del grupo. Esa noche, mencioné que estábamos buscando a alguien para que liderara la adoración. Brad se dirigió luego a mí y me dijo que estaba interesado. Cuando le pregunté si tocaba la guitarra, me dijo que no, pero también me dijo que estaba dispuesto a aprender. No quería desalentarlo y vi cuánto deseaba involucrarse, así que le dije: «Brad, si puedes obtener una guitarra y aprender unos pocos acordes básicos y algunas de las canciones, déjamelo saber y hablaremos». Mi propósito con él era hacerle desafíos y esperar a ver lo que hacía.

Volviendo al asunto actual, es decir, tres años, cuando cerró la noche en oración, yo estaba muy agradecido con Dios por cómo él es capaz de desarrollar hombres y mujeres jóvenes, usar sus dones, edificar su confianza y colocarlos en posiciones de liderazgo. Aunque al principio tuve que decirle a Brad que esperara para ser mentoreado, lo cierto es que Dios hizo cosas maravillosas cuando estuvo dispuesto a confiar en él. En este sentido, si hacemos nuestra selección de mentoreo con cuidado y siempre hablamos la verdad en amor, veremos que Dios obrará en gran manera en quienes estén dispuestos a caminar en él.

La primera reunión

Antes de hacer una invitación formal, necesitas identificar al estudiante *listo* (ver capítulo cuatro) y escogerlo. Necesitas saber la «historia» de los estudiantes: su contexto, su situación familiar y por cuánto tiempo han sido cristianos *antes* de tener esta primera reunión. Luego de haber hecho tu elección en oración y haber sentido confirmación de Dios, el siguiente paso es organizar una reunión con el estudiante para presentar tu oferta de mentoreo y exponer lo que involucraría si está de acuerdo. Esta es una guía paso a paso que puedes usar (o adaptar) para esta primera reunión. Esta es una reunión muy importante; tómate tu tiempo y no te apresures. Elige un lugar tranquilo y público (por ejemplo una cafetería) y planifica por una hora. Recuerda divertirte y ver a Dios obrar.

Explica tus intenciones

Dile al estudiante de qué manera observas el mentoreo como una parte importante de tu ministerio. Explícale que tu esperanza es que cada estudiante que mentoreas llegue a parecerse más a Cristo y a estar más conectado con él. Explica que el corazón del mentoreo es el tiempo «compartir» y que tu intención es conectarte con el estudiante de maneras significativas en ambientes de la vida real. Señala también que el mentoreo no los convertirá a los dos en los «mejores amigos»; más bien, el objetivo es crecer en carácter y caminar más fortalecidos con Dios.

Di por qué escogiste al estudiante

Esta parte de la conversación es un relevante momento de afirmación. Dile al estudiante exactamente lo que has visto en él que te hace querer edificar en su vida. Hazle conocer las cualidades específicas de «*listo*» que observaste, así como cualquier información que le ayude a entender lo que ves en él. Mírale a los ojos y dale mensajes como…: «Yo veo esto en ti … puedes hacer esto … Dios está obrando en tu vida y así lo veo». Dile que has orado por este asunto y que has sentido la confirmación de Dios.

Explica el compromiso

Podrías sentirte tentado a «suavizar» esta parte del acuerdo, pero no lo hagas. El tiempo total de compromiso es de casi dos horas por semana. Una reunión para una conversación/estudio formal: más o menos dos horas cada dos semanas; y el tiempo juntos para hacer cosas que son parte de la vida cotidiana: otra vez, casi dos horas cada dos semanas. Además, habrán algunas tareas que debas hacer al pasar el año; estas pueden involucrar lecturas y estudios, experiencias de servicio y «períodos» que consideres apropiados al momento (con probabilidad de no más de una hora de vez en cuando). Las llamadas por teléfono y los correos electrónicos pueden tomar algún tiempo (la experiencia te mostrará cuán a menudo tiendes a hacer esas cosas como mentor). En este sentido, tu plan puede variar de este esbozo, pero cualquier cosa que decidas, sé claro con respecto a tus expectativas. Hazle saber que tanto tú como él tendrán que pagar un precio para que esta relación funcione, pero también que crees que vale la pena. Ten presente que haces una inversión también y que no quieres edificar en alguien que pudiese desistir en algún punto en el futuro. Déjale saber que puede no ser fácil, que es posible que en algún momento quieran renunciar, pero que si dicen sí, todos están de acuerdo en ir hasta el final (por lo general, un compromiso de nueve a doce meses, un año escolar, con la opción de hacer un segundo año si ambos están de acuerdo en que es una buena idea). Se necesitará perseverancia y el estudiante necesitará ir más lejos que nunca antes, tanto espiritual como racionalmente. El tiempo juntos será una prioridad, lo que significa que otras buenas y perfectamente legítimas actividades tendrán que ser sacrificadas. Así como Jesús no mencionó nada sobre conveniencia y tranquilidad en su llamado al discipulado (cf. Lucas 9:23-24), tampoco debes hacerlo tú. Por supuesto que valdrá la pena (cf. Marcos 10:29-30), pues estás llamando al estudiante a tener un más alto estándar de vida, pero eso es diferente a decir que será *fácil*.

Discute sus preguntas y preocupaciones

Ya que has hablado casi siempre, es tiempo de darles un espacio y escucharles (nota que incluso al conducir esta reunión estás dando un ejemplo de la filosofía «compartir» al preocuparte por él, retroalimentarlo y escuchar de manera activa). Cualquier cosa que esté en su cabeza en este punto es un buen indicativo de lo que vendrá. Pon atención a lo que te pregunten y a cuán francos son. Si no te hacen ningún cuestionamiento, haz alguno tú, para que te asegures de que entienden lo que han conversado:

➲ ¿Cómo te sientes al hacer este compromiso?

➲ ¿Cuál crees que sea el beneficio para ti al hacer esto?

➲ ¿A qué crees que tengas que renunciar para hacer este trabajo y cuán difícil será ese sacrificio?

➲ ¿Qué dificultades esperas?

➲ ¿Cómo piensas que Dios quiere que te entregues en esta relación?

➲ ¿Qué crees que dirán tus padres con respecto a la relación de mentoreo?

➲ ¿De qué manera quieres ser diferente el año que viene?

Asegúrate de que no respondan con una simple actitud de: «Seguro... lo que sea... ¿por qué no?» Una despreocupada respuesta quizá signifique que no lo están entendiendo o que son el tipo de persona que dice sí muy fácil y la verdad es que se encuentra sobrecomprometido y no terminará. Presiónales entonces para que sean más profundos al contemplar lo que involucra una relación de mentoreo.

Pide un compromiso

Especifica un tiempo límite para que el estudiante ore con respecto a la decisión (tal vez una o dos semanas) y te dé una respuesta. Aliéntalo a hablar con sus padres o por lo menos con otra persona. Nota que al sugerir estos pasos, le estás mostrando un buen modelo para tomar decisiones, basado en la oración y el consejo (cf. Proverbios 20:18; Salmos 127:1). Si los padres no saben nada de ti o están interesados en conocer más información, esta sería una buena oportunidad de dar al estudiante un formulario lleno del «Perfil personal del mentor» (ver al final de este capítulo) y pedirle que se lo muestre a sus padres. Como lo hemos dicho en los capítulos anteriores, es mejor tener una conversación personal con los padres en algún momento, pero el *perfil* es un buen paso para ayudarles a que te conozcan. Sé sensible a los padres que no son creyentes. Evita el léxico de «iglesia» y disponte a cómo podrías ministrarles, así como a su hijo. Aliéntalos a que hablen con tu supervisor también. Si eres un voluntario, será la persona que trabaje en el ministerio; y si eres parte del personal, a tu jefe.

A continuación, una gran idea de un pastor de jóvenes que resume sus reglas básicas al iniciar una relación de mentoreo:

«Cuando empiezo una relación con un estudiante, me gusta ser claro con respecto a lo que persigo. Por lo general, tengo tres reglas que establezco como expectativas. Primero, digo la clase de visión que tengo hacia ellos. Dejo claro que veo toneladas de potencial y que siento la dirección de Dios para invertir en sus vidas. Soy muy específico. Segundo, establezco algunos parámetros de tiempo. ¿Cuán consistentemente nos reuniremos? También me gusta decirles que cuando cualquiera de nosotros tenga dos o tres cosas para conversar, necesitamos llamarnos entre reuniones. Si la lista de cosas llega a cuatro o cinco, eso significa que hemos esperado demasiado. Por último, dejo claro que cuando llames, les daré prioridad. Les pido que hagan lo mismo. Estos pasos ayudan a que el acuerdo mutuo sea oficial. No funciona tratar de mentorear a alguien que no esté en la misma sintonía».

¿Cuántos estudiantes?

Hemos hablado de este punto antes, pero al cerrar este capítulo, resulta apropiado ahora conocer y establecer la medida correcta de tu capacidad para mentorear. Si eres un voluntario del ministerio de jóvenes, harás bien en tener solo un estudiante para dicha labor (además de cualquier otra responsabilidad que tengas). Una vez que hayas hecho esto una o dos veces, podrías darte cuenta que tu capacidad es mayor y podrías tomar a otro. Sin embargo, quizá sea mejor mentorear bien a uno que terminar haciéndolo regular con dos o tres.

Si eres miembro de tiempo completo en un ministerio de jóvenes, te urgimos tomar dos o posiblemente hasta tres estudiantes (pero no más). Tu capacidad de ministrar debe ser mayor que la de los individuos en tu equipo. En términos de la retroalimentación que recibes de los estudiantes, no resulta exagerado decir cuán beneficioso es para ti tenerlos dentro de tu círculo interno, lo que te da acceso constante a los «sube y baja» de la vida real de un adolescente. Estos estudiantes también te dirán la verdad de lo que *realmente* sucede en el ministerio. Da la bienvenida entonces a eso e invítales a que hablen con libertad. Recuerda que no solo les das; ellos también te ayudan a mantenerte alerta y sus experiencias te sirven a ser un mejor pastor de jóvenes en todos los aspectos. Además, al mentorear a dos o tres de ellos, ves más fruto con el tiempo y, ¿no es acaso esa la razón por la que estás en el ministerio?

El mundo real

Todas estas entrevistas e invitaciones formales no se ajustan a lo que me gusta. Simplemente quiero salir con algunos estudiantes y ver lo que Dios hace.

Adelante, hazlo. Seguro que algo bueno puede salir de ello. Sin embargo, no lo llames mentoreo, porque la *intención* y la *invitación* son el núcleo de la relación y es lo que ayuda a que sea un éxito. En la misma manera que un matrimonio se fortalece por fronteras claras, una buena relación de mentoreo se fortalece por la clara delineación de quién está «dentro» y lo que «dentro» significa. Jesús *nombró* a sus discípulos, aunque tenía otras personas con las que se asociaba (Lázaro, María, Marta, etc.). Necesitas, por tanto, nombrar a los estudiantes que mentoreas y ellos necesitan saber que eres su mentor.

Es cierto que han expuesto muchos de los puntos a recordar durante la entrevista. Sin embargo, ¿qué pasa si me olvido de algo en esta primera reunión?

Bueno, si tienes problemas, haz anotaciones y llévalas contigo. Recuerda ser real, respira profundamente y relájate. Estarás bien.

¿Qué pasa si el estudiante dice «no»?

Los estudiantes hacen su propia elección en este asunto. También alguna gente le dijo no a Jesús, y él los dejó ir. Posiblemente puedas presionarlos un poco, pero no deberías manipular esta relación. Decir «no» en realidad podría ser una buena opción e indica un nivel de madurez y honestidad que debe ser aplaudido. Podrían estar en una época de su vida donde el compromiso los abruma. Los estudiantes podrían todavía servir y ser parte del ministerio en grupos pequeños y en todas las otras cosas que estén haciendo y beneficiarse, aunque no estén siendo mentoreados.

Si el estudiante dice no, asegúrate que sepa que aun así crees en él y que deseas que se involucre en otras actividades dentro del ministerio de jóvenes. Asegúrate que no sientan que te han desilusionado o te has enojado sino que honras su decisión.

¿Qué hago si un estudiante me pide que lo mentoree, pero no está «listo» o creo que no soy la persona adecuada para él?

Motívalo, aunque le digas que no. Sé honesto. Puedes preguntarle qué es lo que en realidad quiere. Si no es un estudiante *listo*, es posible que tenga otras necesidades (quieren un amigo, ser aceptados por el líder, ser vistos, etc.). Pídele que te explique lo que hay detrás de su solicitud y ayúdale a ver que posiblemente lo que está buscando es algo diferente al mentoreo. Dile que estás feliz de que tenga interés en crecer, pero explícale que su nivel de compromiso no es suficiente o que tienes otros estudiantes en mente y no tienes la capacidad de mentorear a uno más (o cualquiera sea la razón por la que piensas que no está *listo*). Aliéntalo de todas formas con otras maneras para que crezca, como por ejemplo: involucrarse en tu programa, ser parte de un grupo pequeño, hacer viajes de misión o campamentos, servir en la iglesia y aprender leyendo libros cristianos. La clave en esto es que sienta tu apoyo total y no tu rechazo. Sé gentil y honesto.

Resumen del capítulo

Versículo a recordar:

«Vengan, síganme —les dijo Jesús—, y los haré pescadores de hombres» (Mateo 4:19).

Jesús hizo una selección deliberada y cuidadosa de sus discípulos y les hizo una clara invitación a esta relación. Debemos hacer lo mismo con los estudiantes que mentoreamos. Luego de haber encontrado uno *listo* (y si estás en el ministerio de tiempo completo, te recomendamos encontrar a dos o tres), es tiempo de reunirte con el estudiante o estudiantes y exponer tu visión del mentoreo.

1.   Explica tus intenciones

2. Di por qué lo escogiste
3. Explica el compromiso
4. Discute sus preguntas y sus preocupaciones
5. Pide un compromiso

También te alentamos a crear un perfil escrito del mentor para dárselo a los padres del estudiante, a fin de que también estén claros de la invitación que le haces a su hijo o hija.

Perfil personal del mentor

Mentorear es un gran privilegio y responsabilidad. Debido a que quiero fomentar una comunicación abierta, les presento un pequeño historial sobre mí para su información.

Nombre del mentor:

Dirección:

Número de teléfono:

Correo electrónico:

Edad:

Estado civil:

Si tienen preguntas sobre mí o lo que estoy haciendo, contacten a mi supervisor:

Pequeño resumen de mi experiencia en el ministerio hasta el momento:

Algunas experiencias que he tenido con el ministerio de jóvenes:

La razón por la que me quiero convertir en mentor:

Creo que seré un buen mentor porque:

___

Tipo de actividades que haremos durante el mentoreo:

___

Tengo las siguientes expectativas de su hijo(a):

___

Frecuencia de nuestras reuniones (ejemplo: una hora y media, una vez a la semana):

___

Duración del mentoreo (ejemplo: nueve meses, con una posible segunda temporada):

___

Maneras de fomentar una buena relación de mentoreo (ejemplos: mantener los compromisos, ser real y honesto en la conversación, estar dispuesto a ser desafiado, desear estar más cerca de Dios).

Capítulo siete
Un plan de reuniones

Le has propuesto a un estudiante ser su mentor, has hablado con los padres, el estudiante ha orado sobre ello y la decisión es «sí». Eso significa que ahora eres oficialmente un mentor. ¡Felicitaciones! El pánico aparece. «¡Ah, no! —exclamas para ti mismo—. Ahora en verdad tengo que *hacer* algo con el estudiante».

¡No te preocupes, tenemos dos capítulos más para dejar todo claro como el agua!

Jesús comienza su mentoreo

¿Recuerdas cómo en las primeras etapas del ministerio público de Jesús, él pasó tiempo con diferentes personas y luego, de la multitud, escogió a doce? Resulta instructivo darse cuenta que luego de esta cita, lo vemos balancear dos prioridades incompatibles: primero, quería que los discípulos estuvieran con él cuando conducía su ministerio público; y segundo, quería estar con ellos en reuniones privadas.

Por ejemplo, justo después de que regresó de la montaña, donde por primera vez nombró a los doce, fueron a una casa y tuvo una comida en privado con ellos (cf. Marcos 3:13-35). Por lo menos, *empezaron* por tener una comida solos; pero luego, una multitud se reunió y terminaron teniendo una sesión de ministerio más pública. Inmediatamente después, les enseñó la famosa parábola del sembrador a una gran multitud junto al lago. Sin embargo, la reunión se dispersó y, en contraste, hubo una sesión privada de tutoría, donde los confundidos discípulos recibieron instrucción adicional sobre el significado de lo que enseñó (cf. Marcos 4:1-20). Está claro que Jesús tuvo reuniones apartado de las multitudes, donde enseñaba a sus discípulos con más profundidad. El evangelista Marcos explica el vaivén de las enseñanzas de Jesús en estas palabras: «Y con muchas parábolas semejantes les enseñaba Jesús la palabra hasta donde podían entender. No les decía nada sin emplear parábolas. Pero cuando estaba a solas con sus discípulos, les explicaba todo» (Marcos 4:33-34).

Tus reuniones con los estudiantes son como aquellas sesiones de enseñanza privadas que Jesús tenía con sus discípulos; allí «resuelves los enredos y desatas los nudos». Algunos de estos encuentros serán para hacer estudios formales y conversaciones; en otras ocasiones, solo para salir y conversar de lo que surja. Tú juzgarás mejor cómo usar el tiempo en que están juntos. Nuestra sugerencia es empezar con una reunión cada semana y alternar entre un estudio bíblico formal una semana y un tiempo más informal para «compartir» a la siguiente.

Estudio bíblico al estilo de Jesús

En el resto de este capítulo queremos dejar claro cómo serán esas reuniones formales. Si estás mentoreando a más de un estudiante, puedes tener una sola reunión con todos ellos, esto podría ser una ventaja al momento de discutir. El tiempo «compartir» que no sea un estudio quizá podría ser entre uno o dos estudiantes y tú.

La mayoría de personas que trabajan con jóvenes conoce el tipo de reuniones para grupos pequeños de estudio bíblico. Básicamente, estas consisten en orar y discutir un pasaje de la Escritura. Aunque esos elementos son también el fundamento de las reuniones de mentoreo, queremos proveer un mayor detalle y clarificar la filosofía de usar la Biblia de manera efectiva en el contexto del mentoreo.

En realidad creemos que la verdad que proviene de la Palabra de Dios es un catalizador del cambio espiritual que deseamos ocurra en la vida de los estudiantes. Por eso, si piensas que puedes alimentar el alma humana en su más profundo nivel solo aplicando tu sabiduría, sin importar cuán buena sea, te urgimos a someterte a lo que Jesús dijo (reafirmando una posición del Antiguo Testamento): «No sólo de pan vive el hombre, sino de toda palabra que sale de la boca de Dios» (Mateo 4:4). La verdad de la Palabra de Dios debe nutrir la hambrienta vida del estudiante, y debe iluminar la oscuridad y necedad que el mundo que nos rodea conoce como «normal».

Dicho eso, no se trata solo de imprimir principios bíblicos en el «cemento húmedo» de sus jóvenes mentes como si el contenido atiborrado fuera a dar como resultado el carácter de Cristo. Ellos necesitan comprender, sujetarse y atesorar la verdad de Dios, no solo repetirla como «loros». En nuestra experiencia, uno de los más evidentes errores entre los ministerios de jóvenes es pensar que si los estudiantes pueden recitar las verdades de la Escritura o «responder bien» cuando se les pregunta, es que de alguna forma están lo suficientemente formados por esa verdad. Peor aún, algunos líderes creen que si en sus mensajes predican esas verdades, eso por sí *solo* garantiza que hayan hecho todo lo que se supone debían hacer, como si decir las cosas correctas (sin importar lo que escuche el oyente) sea adecuado. Además, las estadísticas muestran otra cosa: un alarmante número de estudiantes asistentes a la iglesia se van a la universidad y comienzan a construir sus vidas adultas alejadas de Dios y sus caminos, aunque durante la época escolar parecían tomar en cuenta las verdades de Dios. Una encuesta afirmó que el 42% de los estudiantes mayores universitarios dejan de asistir a la iglesia a los veinticinco años; y que para cuando cumplen veintiocho, el 58% ya no está involucrado.[1] Como un ejemplo de esta tendencia, he aquí lo que un joven de diecinueve años escribió sobre su experiencia al año siguiente de haber terminado la escuela superior:

---

1 Barna Research Group, Ltd., «Twentysomethings Struggle to Find Their Place in Christian Churches» [Los veinteañeros luchan por encontrar su lugar en iglesias cristianas], septiembre 24, 2003. *Barna Update, www.barna.org*

«Fui criado en una iglesia y se me veía como uno de los chicos comprometidos dentro de mi grupo de jóvenes. Realmente pensaba que
tenía mi fe bien definida. Mi intención era involucrarme en una iglesia
al llegar a la universidad, pero cuando eso pasó, todo cambió. Me
sorprendí de lo poco que sabía y de cuán inseguro estaba de mi fe. En
realidad, ni siquiera sabía en lo que creía. En verdad, comencé a dudar
de Dios y me preguntaba si lo necesitaba. Nunca pensé llegar al punto
de cuestionar a Dios… pero lo estoy haciendo ahora. Me hubiera gustado tener a alguien en mi vida en el colegio que me hubiese enseñado
sobre la vida real y sobre cómo caminar con Dios. Para resumir, le
verdad es que me siento muy poco preparado».

Creemos que parte del antídoto para este problema es asegurarnos que nuestra enseñanza, ya sea en grandes certámenes, reuniones de grupos pequeños e incluso en reuniones de
persona a persona, intente resolver con la verdad y muestre
escenarios de la vida real donde los principios de la Palabra de
Dios cobren sentido y de verdad trabajen. Creemos que es mejor tomar una verdad poderosa, martillarla en casa, repetirla,
analizarla desde diferentes ángulos y mostrar la inferioridad
de todas las otras alternativas que tratar de cubrir cantidades
masivas de enseñanzas a un nivel superficial y dejar a los estudiantes no convencidos ni comprometidos a ningún principio
o práctica de vida esencial. Y el mejor antídoto de todos: esperamos que tengan la oportunidad de ver de cerca cómo es
la vida real de los adultos en una conexión diaria con Dios.
Amigos, *eso es mentoreo*.

Dilo de nuevo pero en forma de pregunta

Al leer los Evangelios, te das cuenta cómo Jesús enfatiza algunos temas una y otra vez en su enseñanza, por lo que cuenta variadas historias pero que tienen un mismo objetivo (por
ejemplo, Lucas 15: donde las ovejas perdidas, la moneda perdida y el hijo perdido apuntan a una lección similar: que «la
gente perdida le importa a Dios»). Él quería que sus discípulos
la «entendieran», así que la enseñaba en público y en privado;
y además la repetía y los involucraba en una discusión en lugar
de solo predicar. Todo esto ayudaba a que pensaran y parti-
ciparan con sus opiniones, no solo a que escucharan. Él sabía
que los buscó para ministrar, por eso tenían que *escucharse*

hablar, así como escucharle a él; estas dos formas de escuchar eran los medios para evaluar, procesar e incorporar la verdad de Dios en sus vidas.

Por ejemplo, al considerar una de las dos cosas más importantes que los discípulos debían entender, es decir, su verdadera identidad, Jesús empezó con una pregunta: «¿Quién dice la gente que soy yo?» (Marcos 8:27). Cuando ellos respondieron citando una cierta cantidad de teorías actuales, él hizo otra pregunta como si quisiera decir: «Está bien, todo eso es muy interesante. Han hecho un buen trabajo y sondeado la opinión popular, pero esto no es solo un ejercicio intelectual. Seguirme es posible que les cueste, y su eternidad cuelga de la balanza. Así que, ¿quién piensan *ustedes* que soy yo? ¿Cuál es la respuesta que *ustedes* están dispuestos a afirmar en su alma?» (cf. Mateo 16:15). Cuando Simón Pedro respondió correctamente, Jesús afirmó la profunda realidad espiritual que su respuesta expuso y cuán valiosa se probaría esta para Pedro y todo el movimiento cristiano (cf. Mateo 16:17-18).

En otro momento, alguien preguntó: «¿Qué tengo que hacer para heredar la vida eterna?» (Lucas 10:25). Si un estudiante hace esa pregunta en la actualidad en una típica reunión de jóvenes, sería artillado con conversación-conversación-conversación, panfletos, resúmenes de cuatro puntos y, una hora más tarde, se arrepentiría de haber entrado en lo que aparentemente era algo así como un terreno espiritual minado con una metralleta verbal. Jesús, la encarnación de la verdad enviada del cielo, el único humano con *todas* las respuestas correctas, responde a la pregunta de esta persona haciéndole el siguiente cuestionamiento: ¿No es una pérdida de tiempo para aquel que es la verdad misma preguntar a un pecador por su opinión? Esta es una paráfrasis de lo que Jesús dijo: «Gran pregunta. En realidad, no puedo pensar en una más importante. Me pregunto… ¿Qué dices *tú*? ¿Cómo respondes a tu propia pregunta partiendo de lo que conoces de la Biblia?» (cf. Lucas 10:26). El Señor tan solo debía dar una respuesta, pero sabía que la *interacción* sería mucho más efectiva.

❧

Entonces, cuando te reúnas con tus estudiantes, selecciona o crea material que les ayude a entender la verdad en «pequeñas»

porciones y con aplicaciones en la vida diaria «extra grandes».
Asegúrate que están involucrados y que estás haciendo preguntas, y que las respuestas a estas son realmente importantes.
Evita un tema que sea demasiado teórico o «duro de masticar»;
eso tampoco tiene sustento bíblico ni les ayuda a ver las maneras significativas en que la Escritura se conecta a sus vidas.
Por eso, si estás dispuesto a liderar activamente usando esta
filosofía, muchos y diversos materiales bastarán. Puedes elegir
un currículo publicado, adaptar uno de estos según las necesidades, o crear uno propio. Nosotros hemos escrito una serie de
lecciones para principiantes llamada *El factor compartir, guía
del estudiante: seis preguntas que los estudiantes necesitan hacer acerca de la vida con Dios*. El anexo de este libro puede ser
usado por el líder como guía para ese material.

En Willow Creek usamos un perfil conveniente llamado
Las cinco G para ayudar a los miembros a tener una visión
clara de su vida espiritual. Estas son: gracia (el fundamento
de nuestra vida con Dios); guía (progresar como un cristiano);
grupos (relaciones que optimizan el cambio de vida); galardo-
nes (habilidades dadas por Dios y usadas para el bien común);
y gestión apropiada (la respuesta razonable a nuestro Dios de
gracia). Pues bien, estas pueden formar un buen esbozo para
un estudio y revisión de vida, y algunos materiales publicados
los usan como fundamento; (por ejemplo, *G–Force: Taking
Your Relationship With God To a New Level* de Bo Boshers; y,
las seis guías de estudio de la serie *Pursuing Spiritual Transformation* por John Ortberg, Laurie Pederson y Judson Poling).

Reuniones que importan

Además de hacer algún estudio bíblico y discusión, es una
buena idea apartar tiempo para orar cuando se reúnan. Muchos estudiantes nunca han tenido un tiempo de oración íntimo con un adulto, así que estás mostrando lo que podría ser
un desconocido pero poderoso aspecto de la vida con Dios de
un cristiano maduro. Estos momentos no deben ser prolon-
gados, especialmente si tu estudiante es un nuevo creyente.
Incrementa poco a poco este tiempo de oración a medida que
sientas que el estudiante está cómodo.

Cuando oran, los estudiantes se entregan ante la presencia

de Dios. Su trabajo en esos momentos es una experiencia poderosa y transformadora. En ocasiones, las oraciones no son respondidas en la manera que tú esperas, pero eso puede convertirse en un crisol de aprendizaje. Además, con seguridad las respuestas que *sí* obtengamos sean también emocionantes y edifiquen la fe.

Así como todas sus charlas necesitan ser sinceras, lo deben ser sus oraciones. Si el estudiante siente que hablas de una manera con él, pero que tienes un modo diferente de hablar cuando oras, sonará falso. Evita usar léxico de «iglesia» y ora como si hablaras con un amigo. Modela una oración auténtica e invítalo a hacerlo en un tono de voz y en un lenguaje normal. Debemos acercarnos a Dios con nuestro verdadero yo y con todo lo que este conlleva; y no solo la parte «espiritual» que presumimos aceptable. C.S. Lewis lo dijo con mucha sabiduría: cuando oremos, debemos «exponer ante Dios lo que está en nosotros, no lo que debería estar en nosotros».[2]

Otra cosa útil para hacer en las reuniones con los estudiantes es establecer objetivos. Estos no tienen que ser grandes o magníficos sino pasos simples que los motiven hacia delante en su vida. En lugar de un objetivo como: «Voy a alcanzar a todos mis compañeros de clase con el evangelio»; desafíalo a fijarse en uno más alcanzable: «Voy a escuchar activamente la guía de Dios esta semana e identificaré a tres de mis compañeros por quienes debo orar». Después de unas pocas semanas, fija un objetivo sujeto a medición como este: «Cuando ore por estos tres compañeros de aula, buscaré maneras naturales de hablar de asuntos espirituales». Luego continua con: «Voy a leer un libro sobre cómo responder preguntas espirituales para estar mejor preparado cuando la gente me las haga». Ayuda al estudiante a fijar un objetivo que sea *serio*:

S: *Simple (claro; una cosa a la vez)*

E: *Ejecutable (que en realidad puedes hacerlo)*

R: *Realista (que sea un poco flexible; que no sea fácil pero tampoco insensato)*

I: *Identificable (que puedas saber si lo hiciste o no)*

O: *Oportuno (fijar una fecha límite)*

---

2 C.S Lewis, *Letters to Malcolm: Chiefly on Prayer* (New York:Harcourt, 2002),20.

El objetivo final a recordar durante las reuniones es mantener la atención en el trabajo de Dios sobre el estudiante. Siempre es mejor descubrir (tú también) lo que el Espíritu está haciendo y unirte a Dios en ese trabajo. Cuando sientes que Dios obra en algún área de la vida del estudiante o le ves luchando contra él, mantente alerta. Sé los ojos, oídos y voz de Dios para el estudiante (por supuesto, admitiendo tu limitada y humana perspectiva). Cuando un estudiante tenga un problema o preocupación, pídele que piensen en esto: «¿Dónde ves a Dios trabajando en todo esto?» Tú podrías hacer esta pregunta en algún área de su vida casi todas las veces que se reúnen; ciertamente es una interrogante que debe ser hecha a menudo.

Habrá ocasiones en las que tengas una lección preparada, pero algo está presionando tanto al estudiante que necesitas poner a un lado tus planes y tratar ese asunto; así que debes estar dispuesto para esto. Por otro lado, el estudiante podría beneficiarse de que le guíes por las Escrituras, aunque solo haya querido «ventilar» un asunto. Podrías sugerir que traten el caso en la siguiente reunión a solas, y no en ese instante. Obvio, si posponer el tema resulta apropiado.

No hay una manera clara y «siempre correcta» de manejar estos asuntos, aunque nuestra experiencia nos dice que es mejor tratarlos de inmediato (o el estudiante podría no escuchar nada de lo que digas porque está enfocados en el problema no tratado).

Contar no es enseñar

El mentoreo involucra enseñanza, pero no tanta como la que podrías pensar. La mayor parte del tiempo, incluso cuando estás en un estudio bíblico formal, harás preguntas, escucharás al estudiante, y escucharás el susurro del Espíritu Santo para comprender lo que estás haciendo o diciendo (o no diciendo). Como un viejo y sabio adagio nos recuerda: «Contar no es enseñar; escuchar no es aprender». Por eso, para que el mentoreo funcione, el estudiante necesita ser enseñado con tu ejemplo; y cuando hablas, tus palabras deben ser pocas. Si lo haces, imitarás lo que Jesús hizo con sus discípulos en las reuniones que tuvo en privado con ellos. Además, con la ayuda de Dios, serás testigo de la misma transformación que cambió la vida de esos creyentes del primer siglo y el curso de la historia de aquel estudiante.

El mundo real

Mi don es la enseñanza. ¿No podría tan solo tener clases en la Escuela Dominical para unos pocos estudiantes y llamar a eso mentoreo?

El don de la enseñanza es una maravillosa bendición de Dios, pero usarlo en un ambiente de mentoreo es como tratar de reparar el motor de un auto con una llave inglesa. Sigue adelante y enseña en la Escuela Dominical, pero si escoges mentorear a un estudiante, tendrás que escuchar más que enseñar, modelar más que hablar, y hacer preguntas más que dar respuestas; requerirá un ejemplo de vida total y mucho compromiso. De hecho, creemos que el mentoreo te ayudará a convertirte en un mejor maestro.

¿No deberíamos introducir la Palabra de Dios en los estudiantes para que vivan en la verdad? Si permitimos que hablen todo el tiempo, sencillamente impartiendo su ignorancia; lo que necesitan es más tiempo estudiando la Biblia.

Nunca dijimos que no necesitaran de la Biblia; lo que te pedimos es que reflexiones en las maneras efectivas e inefectivas de poner en práctica esto. «Presentar» no es suficiente para enseñar a alguien. Los estudiantes deben estar motivados, y no muestras amor haciendo que alguien siempre te escuche. Y bueno, hacerlo activamente es muy poderoso; en realidad, nosotros usamos la frase «*presta* atención», lo cual implica que escuchar es como una *divisa* relacional de gran valor.

¿Por qué un estudio bíblico formal? ¿No podríamos tener tiempos «compartir» y dejar que Dios haga lo que quiera hacer cuando nos reunimos?

El mentoreo es ayudar a un estudiante a ser más como Cristo. Por eso, con el fin de lograrlo, necesitamos conocer de la vida de Cristo y las enseñanzas que se encuentran en los Evangelios. Además, Jesús usó las escrituras del Antiguo Testamento en su enseñanza y reconoció su importancia. También prometió instrucciones adicionales que vendrían a través de sus apóstoles, liderados por el Espíritu Santo (cf. Juan 16:12-15), que se encuentran en el Nuevo Testamento. Se estaría perdiendo algo vital si el mentoreo solo involucra tu vida en lugar de conectar al estudiante a Dios y su vida. Dios mismo dice que necesitamos su Palabra «para enseñar, para reprender, para corregir y para instruir en la justicia, a fin de que el siervo de Dios esté enteramente capacitado para toda buena obra» (2 Timoteo 3:16-17). Tu conocimiento de la Palabra y el estudiarla juntos los ayudará a ver la Biblia encarnada en una persona real. Así como Jesús lo hizo por los discípulos, conversar de la Escritura juntos ayuda a «resolver los enredos y desatar los nudos».

Resumen del capítulo

Versículo a recordar:

«Y con muchas parábolas semejantes les enseñaba Jesús la palabra hasta donde podían entender. No les decía nada sin emplear parábolas. Pero cuando estaba a solas con sus discípulos, les explicaba todo» (Marcos 4:33-34).

Nosotros creemos que la verdad de la Palabra de Dios es un catalizador del cambio espiritual. Por lo tanto, en el corazón de las reuniones de mentoreo están las discusiones de la Escritura y los principios bíblicos. Los mentores necesitan seleccionar material creativo para ayudarlos a entender la verdad en pequeñas porciones con una aplicación extra grande en la vida diaria. Cuando los mentores se reúnen con sus estudiantes, ellos:

➲ Harán buenas preguntas

➲ Escucharán al estudiante

➲ Seguirán la dirección del Espíritu Santo para determinar qué decir (o qué no decir)

Un mentor observa como Dios está trabajando en el estudiante y trata de apoyar ese trabajo. Un mentor ora por y con el estudiante, y lo ayuda con regularidad a fijarse objetivos personales.

Capítulo ocho

Un compromiso para compartir

¿Qué tal si tomas clases de conducción y nunca te dejan manejar? ¿Puedes imaginarte ser un adolescente, que te den las llaves de un auto nuevo y que todo lo que hayas hecho sea leer un libro sobre conducción? Realmente no se aprende a conducir de otra forma que no sea subirse a un auto y manejarlo. Debes sentir y experimentar destreza en tus manos, brazos y pies. El instructor necesita guiarte, alentarte y, de ser necesario, pisar el pedal del freno para protegerte; pero tienes que conducir.

El mentoreo se parece mucho a eso. Tú, el mentor, eres el instructor de «clases de vida». Tu trabajo incluye instrucción en el aula, pero también requiere que te sientes junto al estudiante, y pises los frenos de vez en cuando, para que viva mientras le guías y ayudas.

El mentoreo es instructivo, pero no solo es eso; es educativo, pero no es una escuela; es aprender a leer y hacer que un estudiante lea, pero no un libro sino la *vida*.

Cuando mentoreas a un estudiante, necesitas hacer un compromiso para tener tiempos «compartir». Estas son reuniones, pero no clases; y son uno de los medios más poderosos que dispones para llevar a un estudiante hacia la madurez y vivir como Cristo.

Enseñar en escenarios de la vida real

Supongamos que quieres arraigar en tu estudiante uno de los valores esenciales de Jesús: es mejor servir que ser servido. En otras palabras, deseas que vea sus áreas donde el orgullo prevalece para que las confronte y no actué más como el resto del mundo. Puedes hacer un estudio bíblico sobre este asunto y esperar que lo entienda; puedes darle a conocer un artículo o tratar la cuestión en una conversación. Todas son buenas ideas, pero una forma aun mejor para hacer de este punto algo inolvidable es hablar de aquello cuando el estudiante está en medio de algún comportamiento que delata su necesidad de corrección. Cuando él dice algo mostrando orgullo o hace algo para su propia satisfacción, puedes señalarlo contándole una historia o usando una ilustración oportuna (por supuesto, con amor, sin avergonzarlo). Esta es la razón por la que el modelo «compartir» es tan importante; estás con él en suficientes situaciones, de tal manera que estas cosas ocurrirán; y, si tienes tu «radar» de mentor encendido, serás capaz de aprovechar esos momentos para enseñar.

Jesús nos mostró este estilo de enseñanza con su característica sabiduría, amor y creatividad. Fíjate en el siguiente ejemplo:

> «Llegaron a Capernaúm. Cuando ya estaba en casa, Jesús les preguntó: —¿Qué venían discutiendo por el camino? [como si él no lo supiera] Pero ellos se quedaron callados, porque en el camino habían discutido entre sí quién era el más importante. Entonces Jesús se sentó, llamó a los doce y les dijo: —Si alguno quiere ser el primero, que sea el último de todos y el servidor de todos. Luego tomó a un niño y lo puso en medio de ellos. Abrazándolo, les dijo: —El que recibe en mi nombre a uno de estos niños, me recibe a mí; y el que me recibe a mí, no me recibe a mí sino al que me envió».
>
> (MARCOS 9:33-37, ÉNFASIS AGREGADO).

Dado que Jesús vivía al estilo «compartir», pudo tomar esta conversación llena de orgullo y usarla como una lección objetiva. Pudo demostrar su punto con algo que tenía a la mano; en este caso, un niño que estaba cerca; y dio a los discípulos la inolvidable imagen de él sosteniendo a ese pequeño como un modelo de verdadera «grandeza», y no la lucha por la posición y el poder que ellos habían discutido.

Además, nota que Jesús no estaba hablando del tema de la grandeza a las multitudes, tampoco enseñando una clase. Esta lección surgió como resultado del aprovechamiento de un momento «compartir». El mentoreo con frecuencia involucra estar con el estudiante en una variedad de escenarios, de tal manera que estos momentos suceden. Dichas oportunidades de enseñanza no pueden ser planificadas, pero *sí pueden* ser señaladas y aprovechadas cuando ocurren; y pueden ser cultivadas en el tiempo intencional que pasan juntos.

Tales momentos se presentan en instantes ordinarios que uno fácilmente podría obviar. Podrían ocurrir mientras se conduce el auto, se hace una fila, al mirar a la gente interactuar o hablar después de un juego. Por eso, como mentor sabio, debes estar siempre en la búsqueda de cosas más profundas cuando ocurren en los momentos comunes que se llevan a cabo, o hacer preguntas que vayan por debajo de la superficie de las acciones o reacciones que observas.

He aquí otro ejemplo de la vida de Jesús que trata de cómo el escuchar con atención en una situación ordinaria puede dar como resultado extraordinarios avances. En una ocasión, un hombre vino ante Jesús y le preguntó: «Maestro bueno, ¿qué tengo que hacer para heredar la vida eterna?» (Lucas 18:18). El Señor no respondió su pregunta directamente ni se dejó impresionar por el halago: «Vaya, gracias, buen hombre. Qué bueno de tu parte ver mi bondad». En su lugar, notó la peculiar manera en que el hombre había fraseado su pregunta y le hizo otra como respuesta para presionarlo: «¿Por qué me llamas *bueno*?» (v. 19, *énfasis añadido*). Lo que Jesús notó fue la facilidad con que este hombre manipuló la palabra «bueno», pues la esencia de su problema era su propia autorectitud. Su despreocupado uso de la palabra demostraba la verdad de que se veía a sí mismo como bueno y, por lo tanto, no podía observar ningún pecado que debiesen perdonarle. Por eso el

Señor tomó al hombre más profundamente y le explicó que él necesitaba obedecer los mandamientos de Dios; que *él* necesitaba ser «bueno», ante lo cual el hombre, luego de haber reflexionado, contestó que así lo había hecho desde su juventud. ¡Piensa en tal audacia! Ahí está un hombre, en la presencia del único ser humano (Jesús) que en realidad *había* seguido todos y cada uno de los mandamientos, diciendo que era tan bueno como él. Es asombroso cómo Jesús tuvo un «láser» que señalaba el problema real de este hombre. Él podía verlo y quería que el hombre lo viera, que aquello que se interponía en su obtención de la vida eterna era su fracaso para reconocer su pecado. Además, fue capaz de exponer ese pecado al escuchar con cuidado cómo el hombre planteaba una simple pregunta y luego señalaba la manera en que sus palabras revelaban su autoengaño. Sin embargo, el *toque de gracia* fue que Jesús le pidiera que entregara todo su dinero. La imposibilidad del hombre de hacer eso dejó claro que había un mandamiento en particular —el más importante de todos— que había estado desobedeciendo flagrantemente: «No tengas otros dioses además de mí» (Deuteronomio 5:7).

De igual manera, como mentores escuchamos las palabras de los estudiantes y, en ocasiones, vamos más allá de las frases reales para encontrar lo que se oculta detrás. A menudo ese es el momento en el que escuchamos al Espíritu Santo darnos un entendimiento sobrenatural de sus necesidades internas. Cuando eso sucede, es una asombrosa bendición. Es entonces cuando sostenemos con gentileza un espejo para que los estudiantes puedan ver los asuntos reales y así ayudarles a trabajar en lo que han descubierto.

Actividades «compartir»

¿Cuál es el típico escenario «compartir»? Hay tantos que difícilmente sabemos por dónde comenzar, porque casi todo lo que haces en la vida puede convertirse en un tiempo «compartir». Este es solo un puñado de ejemplos para que tengas una idea:

Asistir a la iglesia	
Trabajar en un proyecto en casa	Llevarlo a tu lugar de trabajo
Hacer diligencias	Involucrarlo en tu pasatiempo
Ver una película	Hacer excursiones al aire libre, playas, museos, parques de diversiones, etc.
Ir a las actividades de uno de tus hijos con el estudiante	Hablar antes o después de un certamen ministerial
Tomar una clase juntos	Ejercicio, trotar, ir al gimnasio
Asistir a una obra, juego u otro certamen de la escuela	Jardinería
Conciertos	Lavar el auto
Ir a un certamen deportivo	Participar en videojuegos
Llevarlo a desayunar o almorzar	Montar bicicleta
Hacer una caminata en el parque	Acompañarlo y apoyarlo cuando reciba un premio
Ir de compras	

Un dotado pastor de jóvenes nos contó de sus dos favoritas actividades Compartir:

«Los viajes en carretera son espectaculares. Estoy siempre en la búsqueda de centros de retiro y lugares que visitar con mi ministerio. Cada vez que viajo para revisar algún nuevo destino potencial, planifico invitar a una pareja de estudiantes a los que estoy mentoreando para que me acompañen. No solo te dan una gran compañía y hace el día más divertido sino que escucho sus opiniones sobre las instalaciones. Lo mejor de todo es que casi siempre tenemos conversaciones profundas sobre la vida real mientras vamos por el camino.

»La otra cosa que me encanta hacer son los "apartes". En medio de un programa, una reunión de liderazgo o un certamen de cualquier tipo, llamo aparte a uno de ellos y le doy una rápida charla de la visión. Esta puede estar basada en algo que acaba de suceder en el programa o que no tiene ninguna relación con el certamen. Para mí, el mentoreo ocurre todo el tiempo en los problemas de la vida. Tengo tantas buenas historias sobre este asunto. El fin de semana pasado ocurrió de nuevo. Un chico al que estoy mentoreando acaba de graduarse y estudiará Microbiología. Lo llevé aparte y le dije que admiraba su inteligencia, pero mucho más su corazón. El asunto de la microbiología es fascinante, pero pensaba que él tenía lo que se necesita para el ministerio y quería decírselo. Fue una de esas conversaciones que creo que los dos recordaremos por largo tiempo.

Agenda «compartir»

¿Qué debería suceder en tus tiempos «compartir»? A continuación un sencillo perfil que te ayudará a invertir bien en tu estudiante. Si mantienes en mente estas cuatro palabras clave, maximizarás cada oportunidad: *orar, motivar, conversar y desafiar.*

Primero, cuando estén juntos, asegúrate de tener por lo menos unos pocos momentos para *orar.* Sería ideal hacerlo al iniciar y de nuevo al terminar. Por ejemplo: «Dios, ayúdanos a estar atentos este día a lo que tienes para cada uno de nosotros»; o, «Dios, ayúdanos a verte, escucharte y sentirte en nuestro tiempo juntos. Enséñanos más de ti». Si surge un tema, ten la disposición para detener la conversación y pedir a Dios por sabiduría, ayuda y consuelo. Enséñale al estudiante las «oraciones de aliento» (plegarias sencillas que se hacen durante el día, como si estuviéramos dando un profundo respiro de manera gradual). Y cuando digas que vas a orar por su vida, hazlo en ese momento. Entonces le mostrarás cuán natural y conversacional puede ser la oración, y que esta no debe ser extensa. Por supuesto, así como una comida espiritual, la oración «alimenta» el alma, y eso es también algo bueno.

Segundo, asegúrate de *motivar* con generosidad. Motiva de manera específica; no lo hagas solo en referencia a lo *que* el estudiante *hace* («gran trabajo en esa tarea; qué buena cosa que hayas traído a tu amigo a la iglesia; gracias por alcanzar a ese chico que necesitaba hablar») sino también en *quién* se está *convirtiendo* («me encanta tu disposición y profundo deseo de que Dios te guíe en cada área de tu vida; veo que Jesús está trabajando en ti; he notado que te has vuelto más compasivo»). No es una exageración decir que las vidas de los estudiantes pueden ser transformadas radicalmente con una palabra de motivación en el momento oportuno. Estos mensajes pueden tener tanto poder que casi se sienten como si Dios mismo acabara de hablar usando tus palabras; y esa verdad se profundiza en sus corazones. Los mensajes pueden regresar al estudiante años más tarde y seguir formando su comportamiento y carácter. Estos mensajes son como «oro fino», se interiorizan y moldean; su valor es difícil de describir, pero sumamente apreciado. «Como naranjas de oro con incrustaciones de plata son las palabras dichas a tiempo» (Proverbios 25:11).

Una tercera cosa que deben hacer cuando están juntos es *conversar* sobre ti, sobre tu jornada con Dios. ¿Qué te está enseñando Dios? Si Dios te ha hablado con un pasaje de la Escritura que se refiere a un área de tu vida, cuéntaselo. Si estás enfrentando una situación difícil («Voy a visitar a mi familia política este fin de semana y ellos no son seguidores de Cristo. Tan solo necesito paciencia para amarles y permitir que Dios obre»), conversa de esa necesidad con franqueza y haz que te apoye en oración. Es importante mostrar el crecimiento como un proceso. Recuerda que no lo estás mentoreando porque ya estás completamente formado sino porque estás en *camino* a parecerte más a Cristo. Le estás mostrando que hay subidas y bajadas en la vida cristiana, y que también experimentas tanto gozos como frustraciones a lo largo de tu vida para llegar a ser «perfectos en él» (Colosenses 1:28). Además, las lecciones que aprendes quizá sean exactamente las que los estudiantes necesitan aprender. Al conversar de estas, el estudiante es bendecido por las mismas cosas que te bendicen a ti. (¡Dios es un maestro para coordinar ese tipo de cosas!).

Finalmente, cada reunión debería incluir algún tipo de *desafío*. Fíjate en los momentos en que el estudiante es susceptible a la enseñanza y cuando te das cuenta de que Dios está haciendo algo y hablas al respecto. Ahora bien, dado que lo conoces, le puedes hacer desafíos muy específicos. Algunos ejemplos son:

⊃ Una cosa es motivarlo a ser «más amoroso» y otra muy diferente, conocer a la gente a la que se le hace difícil amar. Por eso, juntos establezcan objetivos para honrar a Dios a través de esas relaciones.

⊃ Una cosa es enseñar sobre el valor de cuidar nuestro cuerpo como el templo del Espíritu Santo (cf. 1 Corintios 6:19), y otra, ayudarlo a lidiar con sus malos hábitos de alimentación o su falta de ejercicio físico. Por eso, iniciar un plan de entrenamiento juntos te dará otro tiempo «compartir».

➲ Una cosa es enseñar a tratar al sexo opuesto con respeto y honor y otra, confrontar al estudiante sobre cómo su lenguaje soez en referencia a las chicas y sus cuerpos deshonran a sus hermanas en Cristo o su prójimo.

➲ Una cosa es urgirlo a ser positivo y respetuoso con sus padres y líderes y otra, ayudarlo a dar pasos específicos para enfrentar su negativismo y ayudarle a obedecer el «Principio 2:14» (de Filipenses 2:14; les pedimos que tengan actitudes correctas porque Pablo dijo: «Háganlo todo sin quejas ni contiendas»).

➲ Una cosa es motivarlo a usar sus dones al servicio del reino de Dios y otra, conocer estos dones y ayudarle a encontrar áreas en las que puede servir y desarrollarlos.

➲ Una cosa es recomendar el valor de la franqueza y otra, señalar maneras específicas en las cuales ha exagerado o distorsionado la verdad y pedirle completa exactitud en lo que diga.

También desafiamos a los estudiantes platicándoles «el último diez por ciento». Lo que intentamos explicar es que en ocasiones decimos cosas a otra persona pero, por alguna razón, hay un punto clave que nos guardamos. Posiblemente estamos asustados, o nos prevenimos, tal vez nos decimos que no hará ningún bien o que esos sentimientos pueden lastimar. Sin embargo, lo cierto es que no decimos esa cosa que más necesita ser dicha, por lo que la persona se va solo con parte de la historia y condenada a repetir su equivocación porque no está consciente de una respuesta crucial.

➲ Alguien que aspira a cantar, pero que realmente no tiene el talento, pasa una vergüenza en una audición, porque nadie le dice que su habilidad no es esa, pero que seguro tiene otra.

- ➲ Alguien que piensa que está ayudando a otros, pero solamente provoca nuevas heridas porque nadie le ha confrontado con sus patrones egoístas de comunicación y su fracaso para escuchar bien.

- ➲ Alguien piensa que es gracioso, pero la verdad es que lo que hace es fastidioso. Nadie le aborda, así que sigue alejando a la gente sin saber el porqué.

Cuando se crea confianza, se muestra amor porque el estudiante sabe que siempre tendrá nuestra perspectiva franca, ya que en verdad nos preocupamos por él. Por eso debemos arriesgarnos a decir ese último diez por ciento.

Cuando yo, Bo, recibí los siguientes correos electrónicos de unos chicos a los que había mentoreado años atrás, recordé cuánto me había gustado ser parte de sus vidas. Sus palabras me recordaron cuán importante es hablar la verdad con amor. Las cosas simples que había olvidado por completo fueron las mismas que Dios usó para marcar la diferencia en sus vidas.

«En ocasiones querías tener una actividad de grupo y nos designabas capitanes de equipo para organizar algo para nuestros grupos. En una oportunidad, casi lo estropeo. Fuimos al partido de baloncesto en el colegio. Había salido con los muchachos, pero en realidad no organicé nada como lo había acordado. Me llamaste aparte y me dijiste: "Quería que organizaras una actividad de grupo, y no lo hiciste. Planifica. No eres sincero ni conmigo ni contigo cuando lo echas a perder". Que un hombre mayor le diga a uno más joven: "Sé honesto, sé un hombre de integridad, asegúrate que tu palabra sea buena y preciada", me causó un gran impacto. Gracias, Bo, me ayudaste a convertirme en un hombre mejor al ser sincero y decirme la verdad».

Otra historia:

«Sin importar cuán dura haya sido la conversación, siempre fuiste capaz de decir lo que se necesitaba decir y olvidarlo. Tú no guardabas rencores. Tu actitud era: "Te lo digo, lo repruebo, espero que escuches, pues no volveré a tocar el asunto". Muchos líderes guardan rencores. Ellos "enlistan" a la gente porque han hecho algo mal. Sin embargo, contigo no sucedía eso. Una vez tratado el asunto, seguías adelante y dejabas lo pasado en el pasado. Si alguien echa a perder las cosas, como yo lo hice, en realidad necesita el perdón. También un mentor que le diga: "Lo has entendido; sigamos adelante". Soy un hombre mejor por la forma en que me trataste. Gracias, Bo.

Es mejor decir «el último diez por ciento», la difícil verdad que puede doler, pero que será beneficiosa al final. «Más confiable es el amigo que hiere que el enemigo que besa» (Proverbios 27:6).

Disciplinas espirituales

Cuando te reúnes con los estudiantes durante el tiempo «compartir», resulta una buena idea tratar el tema de las prácticas espirituales o las disciplinas que mantienen fuerte tu vida espiritual (ver Dallas Willard, *El espíritu de las disciplinas*). Explica lo que estás haciendo y aliéntalo a experimentar con algunas disciplinas propias.

Una de las prácticas más fáciles a realizar es la memorización de las Escrituras, especialmente cuando ha tenido una lucha o si le has hablado de algo durante el tiempo «compartir», todo lo cual necesita trabajo. Sería una buena oportunidad identificar un versículo que se refiera al asunto y hacer que lo memorice. También pueden practicar estos versículos cuando están juntos, en momentos en los que hacen otras cosas como conducir o esperar. Y antes de lo que te imaginas, el estudiante tendrá un número respetable de versículos en su arsenal espiritual.

Otras prácticas espirituales esenciales son la lectura de la Biblia, la oración, el tiempo a solas, llevar un diario; y cuando él esté listo, intenta el ayuno, confesión, silencio, actos secretos de servicio y otras disciplinas. Lo divertido de estas prácticas es que puedes usarlas según las necesites. Por ejemplo, si el estudiante lucha con la impaciencia, deliberadamente vayan a largas filas o conduce en el carril de baja velocidad para ayudarle a romper con el «apuro» que tiene; o sugiérele que no vea televisión por una semana, y fíjate en lo que le sucede, sea esto bueno o malo. Puedes sugerirle también que conduzca sin encender la radio y que hable con Dios, o que cada cierto tiempo escuche los sonidos de la naturaleza y se fije en lo que esto hace por su alma. Haz que pasen un día en silencio y vea lo que Dios hace cuando deja de hablar. Cualquier ejercicio de entrenamiento que uses para ayudarle a crecer en algún área es una práctica espiritual; y al usar las clásicas e inventar unas nuevas, puedes ayudarlo a crecer.

Una cultura de mentoreo

Wes, un estudiante de quince años, tenía miedo y vergüenza de hablar con sus padres de un asunto. Mark, su mentor, escuchó la confesión que hizo el joven sobre cómo un trago aquí y otro allá se había convertido en un avanzado problema con la bebida. Mark estaba contento de haber seguido la instrucción que sintió de Dios de pasar por la casa de Wes esa tarde. Ahora estaban sentados en las gradas delanteras en medio de una conversación que Mark sabía había sido ordenada por Dios.

Mark había estado involucrado en la vida de Wes por los últimos seis meses y se daba cuenta de que él estaba cansado de sentirse culpable y de esconder este problema de sus padres. Era tiempo de dar el difícil paso de decir la verdad. Mientras Mark le repetía las palabras: «Tú puedes hacerlo», Wes supo que podía y que su mentor estaría ahí cuando lo hiciera. El momento había llegado.

Wes respiró profundamente. Su corazón palpitaba. Luego de una rápida oración, ambos se pararon y entraron a la casa.

«Mamá, necesito hablar contigo...», empezó Wes.

Eso es mentoreo.

Kate, una niña de octavo grado, recibió la llamada para bajar a la oficina del director. Cuando vio a su mamá que la esperaba, supo que las noticias no podían ser buenas. Su madre le dijo que su abuela había muerto esa mañana. Kate estaba en shock. No podía imaginar cómo sería su vida sin su abuela. Camino a casa, se sintió triste, asustada y muy sola. Cuando se detuvieron frente a la casa, Kate tuvo otra sorpresa: el auto de su mentora estaba en la calle. Susan había sido parte de su vida los últimos dos años y estaba esperándola. Entonces la saludó con un abrazo y le recordó que estaría junto a ella para caminar a su lado en estos momentos; quería que Kate supiera que podía contar con ella. Kate estaba muy agradecida de tener a alguien que le escuchara, que no tratara de consolarle o darle respuestas sino que estuviera con ella, así como estuvo su abuela.

Eso es mentoreo.

«Yo te bautizo en el nombre del Padre, del Hijo y del Espíritu Santo». Cuando el padre de Sean salió del agua, abrazó de inmediato a su hijo de dieciocho años. De hecho, esta era una celebración muy especial.

Cuando Sean entregó su vida a Cristo dos años atrás, su padre no podía creer el cambio de vida que esto produjo. Una relación de mentoreo con el pastor de jóvenes había sido de gran impacto en Sean. Había paz y gozo, cosa que su padre claramente podía ver, algo tan contagioso que tenía que descubrirlo por sí mismo. Ahora estaba en el agua junto con su hijo bautizándose por el pastor de jóvenes que mentoreaba a Sean.

Eso es mentoreo.

Pat estaba muy emocionado al abrir la carta de la Escuela Bíblica a la que había aplicado. Al sostenerla en sus manos, se dio cuenta que quizá era la última persona de la que alguien hubiese imaginado iría alguna vez a una Escuela Bíblica.

Tres años antes, Pat no sabía quién era Dios... ni le importaba. Keith, un voluntario del ministerio de jóvenes, había conocido a Pat y le habló de Cristo. Después, Keith mentoreó a Pat por tres años. Respondió sus preguntas y escuchó sus luchas, lo mantuvo en el camino y le recordó que Dios tenía un plan para su vida. Ahora Pat estaba a punto de seguir ese plan: asistiría a la Escuela Bíblica en búsqueda de un ministerio de tiempo completo.

Pat no podía esperar para devolver a alguien lo que había recibido de Keith. Quería destacarse y ayudar a desafiar a otra persona joven, así como Keith lo había hecho con él.

Cuando leyó: «Felicitaciones, ha sido aceptado», se detuvo e hizo una oración de agradecimiento. No podía esperar para decírselo a sus padres y a Keith.

Eso es mentoreo.

Si tenías la duda de que el mentoreo fuera una buena idea o pensaste que no era para ti, esperamos que ahora te hayas quedado sin excusas. No podemos terminar este libro sin contarte un sueño más, y es que los mentores creen una cultura de mentoreo dondequiera que vayan. Cualquiera sea tu iglesia, familia, amigos, colegas e incluso vecinos, ¿por qué no alentar a quienes te rodean a mentorear estudiantes? Lo que haces con un estudiante sin duda será una gran contribución en los años venideros. Piensa en el impacto añadido de que otros a tu alrededor también edifiquen en las vidas de los estudiantes. ¿Qué hay de la gente en tu grupo pequeño? ¿Otras parejas que tienen hijos grandes y que tienen tanto que ofrecer? Compra varias copias de este libro y dáselas a cualquiera que pueda estar ligeramente interesado. Ayúdales a tener una visión de lo que podría ocurrir si no solo fueran uno o dos los estudiantes mentoreados en tu iglesia sino docenas los que estuvieran bajo el cuidado de adultos que les amen y les guíen a una madurez cristiana. Podrías cambiar tu iglesia o vecindario. Toda una generación podría estar mucho más lista para asumir el liderazgo en la iglesia y en la sociedad. Nosotros podemos voltear a la cantidad de estudiantes que han cedido a la presión de grupo al no hacer decisiones sabias y que se han involucrado en relaciones poco saludables. También ayudar a los estudiantes que se sienten perdidos y a la deriva en el mundo para que encuentren el propósito y la dirección de Dios. El mentoreo allanará el camino.

Y si todo esto no fuera suficiente, aquellos que hacen mentoreo son doblemente bendecidos. Tú puedes ver la vida de los estudiantes transformada y te recargas al tener un asiento en primera fila para ver lo que Dios está haciendo.

Si estás en el ministerio de jóvenes, nada –nada– que nosotros sepamos tiene más potencial para mantenerte en el juego del ministerio que una conexión cercana con uno o dos estudiantes que cada año experimentan el poder de tu amoroso mentoreo. Cualquiera que sea tu profesión, ver la vida de un estudiante desplegarse mientras Dios obra en él a través de tu participación es prácticamente el mejor uso que le puedas dar a tu tiempo. La *paga* puede no ser mucha, pero la *recompensa* es incalculable.

Nuestro estímulo final para ti es el siguiente: lleva a un estudiante contigo en el viaje de tu vida e invita a otros adultos a unirse a ti en su aventura propia a través del mentoreo. Hay un mundo, una generación en riesgo, y están en busca de alguien que les muestre el camino.

Eres *tú* al que buscan para «compartir». Nosotros creemos que sí. Dile sí a Dios y al estudiante, y prepárate para la emocionante aventura de mentorear a la siguiente generación.

El mundo real

Aún lucho con el tiempo de compromiso porque estoy muy ocupado. Quiero mentorear a un estudiante, pero no sé si puedo encontrar suficiente tiempo para «compartir».

Esta pregunta sigue surgiendo y nosotros pensamos que no hay respuestas fáciles. Sin embargo, debemos enfatizar cuán valioso es el mentoreo y por qué, aunque no puedas ser capaz de *encontrar* el tiempo, vale la pena *buscarlo*. Necesitas considerar todas tus opciones, no solo esta. Es posible que necesites ser más intencional con el tiempo que ya pasas con los estudiantes. Talvez necesitas recordar que el mentoreo es más un estilo de vida que añadir un montón de actividades. Persiste en disponer tu vida de manera natural al estudiante, más que intentar cosas nuevas que llenen tu horario. Un mejor manejo del tiempo podría ser útil. Por último, si ves el beneficio, es posible que tengas que dejar otras cosas.

Siento que siempre estoy dando a los otros, ¿pero cuándo vuelvo a llenar mi vida?

Gran pregunta, porque esto va más allá del mentoreo. Necesitas regresar a «El gran secreto de la vida» (ver capítulo tres). Nadie se te acercará ni lo hará por ti. ¿Qué te llena? Colócalo en tu calendario y hazlo, como si tuvieras una cita con alguien y piensa si algunas de las experiencias que te drenan pueden ser entregadas a alguien más, o simplemente no las hagas todas.

Parece que el mentoreo requiere mucha creatividad. Definitivamente no soy del tipo creativo. ¿Puedo hacerlo?

Tú has dado un paso importante al leer este libro. La creatividad no depende de ti, el Espíritu Santo te ayudará. La clave es escuchar la guía de Dios. En realidad todo lo que tienes que hacer es estar dispuesto y ser transparente, compartir tu propia vida y prestar atención a un estudiante. Dios te hablará en maneras sorprendentes.

¿Cuál es el mejor momento para iniciar una relación de mentoreo?

Lo importante es empezar. A mí, Bo, me gusta iniciar la relación de mentoreo en septiembre, justo cuando empieza el año escolar. Hago mis entrevistas y mi proceso de *listo* durante el verano, y luego me sumerjo completamente en septiembre. Lo hacemos hasta el final del año escolar y continuamos de una manera un poco más informal en el verano. Me gusta que la meta sea a los nueve meses. Para algunos estudiantes, lo hago otro año, en el mismo ciclo, y añado uno o dos estudiantes nuevos en el otoño.

Quiero mentorear, pero todavía me siento un poco nervioso. Me gustaría poder ver a alguien para poder sentirme más seguro.

Sería ideal observar a un mentor en acción. Si puedes unirte a uno que ya lo hace, sería grandioso. No obstante, si está en tu corazón hacerlo, no esperes simplemente porque no tienes a alguien que te muestre cómo mentorear; confía en Dios y aprende en el camino. Es posible que Dios quiera que seas el ejemplo para alguien más que quiera aprender algún día. Sé el primero si es necesario, pero entra al juego. Es una aventura y un privilegio del cual no te arrepentirás. Recuerda, Dios está contigo y puedes hacerlo.

Resumen del capítulo

Versículo a recordar:

«Llegaron a Capernaúm. Cuando ya estaba en casa, Jesús les preguntó: —¿Qué venían discutiendo por el camino? Pero ellos se quedaron callados, porque en el camino habían discutido entre sí quién era el más importante. Entonces Jesús se sentó, llamó a los doce y les dijo: —Si alguno quiere ser el primero, que sea el último de todos y el servidor de todos. Luego tomó a un niño y lo puso en medio de ellos. Abrazándolo, les dijo: —El que recibe en mi nombre a uno de estos niños, me recibe a mí; y el que me recibe a mí, no me recibe a mí sino al que me envió» (Marcos 9:33-37).

Los mentores usan las experiencias diarias para conectarlas a lecciones espirituales, que fue exactamente lo que Jesús hizo con sus discípulos. Los mentores están conscientes de lo que cambia a un estudiante con el tiempo, por eso ellos:

Oran: como una comida espiritual, la oración alimenta el alma.

Motivan: una palabra de aliento en el momento oportuno puede transformar de forma radical a un estudiante.

Conversan: las lecciones personales de un mentor pueden ser justo las lecciones que los estudiantes necesitan aprender.

Desafían: un desafío específico hecho durante un momento de enseñanza ayuda a edificar la madurez espiritual en la vida de los estudiantes.

Recuerda, los mentores están dispuestos a decir el último diez por ciento, a hablar con amor, pero de manera franca y sincera. Los mentores muestran disciplinas espirituales y motivan a los estudiantes a experimentar con algunas disciplinas propias. De manera ideal, necesitamos implantar una cultura de mentoreo, porque el estilo de vida «compartir» es la manera más efectiva de entrenar a los estudiantes para ser como Jesús. Y si tú eres un líder de jóvenes, el mentoreo tiene un enorme potencial para mantenerte en el juego del ministerio. El poder de hacerlo en amor, puede cambiar una generación.

Una guía para lanzar una relación de mentoreo

Seis preguntas que los estudiantes necesitan hacer acerca de la vida con Dios

Este anexo contiene planes de lecciones e ideas «compartir» para tus sesiones introductorias con el estudiante. Recomendamos ampliamente que compres el libro que le acompaña: *El factor compartir, guía del estudiante: seis preguntas que los estudiantes necesitan hacer acerca de la vida con Dios*, para que se lo entregues a cada estudiante que mentoreas. Al trabajar en su propio ejemplar, el libro:

➲ Reforzará la enseñanza con puntos clave impresos

➲ Ayudará a que la discusión fluya más fácilmente con preguntas directas para el estudiante

➲ Proveerá referencias de la Escritura

➲ Fijará versículos para memorizar

➲ Determinará claramente ejercicios y tareas espirituales

➲ Permitirá espacio para llevar un diario

Entre cada una de las seis sesiones de estudio («Preguntas importantes») con tu estudiante sugerimos que tengas un tiempo «compartir» más informal. Como lo esbozamos más adelante, los tiempos «compartir» tienen el beneficio añadido de establecer el asunto de la «pregunta importante» que sigue. Por lo tanto, se necesitarán doce semanas para cubrir este material: un tiempo «compartir» una semana (el cual ayuda a establecer el tema y también permite estar juntos) y un tiempo de estudio la siguiente semana (una conversación más formal sobre una de las seis preguntas). Al alternar de esta manera la relación, si se reúnen cada semana, tendrás aproximadamente tres meses de un estudio esquematizado y de tiempos «compartir».

Un aspecto presente en este esbozo que de alguna forma no es característico de las típicas reuniones «compartir» es que hemos unido deliberadamente esos seis tiempos en un solo escenario de atención. Por lo común, en el mentoreo, los tiempos «compartir» se presentan solos sin un tema específico en mente. Aunque algunos de estos son siempre intencionales, no siempre deben tener dicha unión con el estudio de la siguiente semana. Deben ser siempre divertidos y no forzados ni como «trabajos de campo». Sé flexible y creativo al planificar estos momentos, en especial, cuando los lleves a cabo en el futuro. Iniciamos este esbozo así para proveer un enfoque para ti y los estudiantes mientras se conocen mejor, y comprender que las futuras experiencias «compartir» provendrán de su relación y se ajustarán a lo que aprendas de los estudiantes (y sus necesidades).

Para todos los tiempos de estudio «compartir» y «preguntas importantes», te damos un entrenamiento escrito de cómo guiar esa reunión. Esa dirección incluye sugerencias bajo los siguientes encabezados:

Ubicación: un lugar específico para reunirte con tu estudiante que capture el tema de la reunión (en algunas semanas esto es más importante que otras).

Idea central: el propósito general de lo que quieres alcanzar (cualquiera que sean las otras sendas que tomes, no te alejes de este objetivo).

Revisa: dos o tres preguntas hechas al estudiante al inicio de cada reunión con el fin de que se profundice su relación y ayude a reforzar los desafíos semanales.

Actividad (tiempos compartir): algo que es divertido y relacional, pero aun así puede ser usado como una experiencia de enseñanza.

Estudio (preguntas de discusión): la lista de preguntas y las referencias bíblicas que has usado para escoger lo que conversarás con tu estudiante.

Notas del líder: sugerencias para aclarar la discusión y otras informaciones de entrenamiento que te ayudarán a mentorear.

Versículo a memorizar: un versículo apto para memorizar y relacionado con el tema de estudio, junto a una pregunta de aplicación.

Desafío personal: un desafío o una actividad de «esfuerzo» que le propones al estudiante.

Mi vida: sugerencias de lo que pueden hacer por su cuenta entre reuniones con el fin de que lleven un diario y profundicen su caminar con Dios.

Recordatorios relacionales: un lugar en el que anoten ideas de oración, motivaciones y lo que Dios está haciendo en sus vidas.

Estas son las «Preguntas importantes» que proponemos estudien juntos al iniciar el proceso de mentoreo:

1. ¿Cómo me muestra Dios que él es real?
2. ¿Qué quiere Dios de mí?
3. ¿Qué propósito tiene Dios para mi vida?
4. ¿Por qué importa lo que creo sobre Dios?
5. ¿Cómo me ayuda Dios a mantenerme fuerte cuando la vida es dura?
6. ¿Qué clase de gente quiere Dios en mi vida?

Las reuniones mencionadas más adelante vienen solo *después* del proceso de selección para escoger el estudiante que vas a mentorear (esbozado en el capítulo seis). Si has identificado a tu estudiante *listo* y has realizado una clara invitación que han aceptado, el siguiente paso es programar su primera reunión oficial de mentor a estudiante. Sugerimos que inicies con una actividad «compartir», a fin de crear el marco y empezar su jornada juntos.

Actividad compartir # 1
Preparación para la pregunta importante #1)

Ubicación: algún lugar que fue importante para ti cuando estabas en el colegio, incluso aquel que usabas cuando salían o practicabas algún deporte. También podrían ir a un restaurante especial que refleje tu pasado (por ejemplo: uno al estilo de los años cincuenta).

Idea central: ayuda al estudiante a conocer los cambios que Dios ha hecho en tu vida y cómo eras cuando tenías su edad.

Actividad: muéstrale fotografías o un libro de recortes de tu pasado, especialmente de la época en que estabas en tus primeros años de colegio, así como los últimos, y cuéntale cómo era tu vida en ese entonces. De ser posible, enséñale una fotografía de cuando tenías exactamente la misma edad que él.

Hazle saber que aunque los tiempos han cambiado, algunas cosas siguen siendo las mismas. Puedes hacer referencia a las muchas y muy similares luchas que enfrenta, y al hecho de que también tuviste preguntas y problemas en esa época de tu vida. Habla de tus incertidumbres espirituales. Si eras cristiano en ese tiempo, habla de cómo llegaste a la fe y de cómo intentaste vivir así en esa edad. Si no lo eras, asegúrate de rebobinar la cinta hasta llegar a la parte en que te convertiste a la fe, y de cómo Dios respondió algunas preguntas y anhelos en tu época de estudiante (en la siguiente reunión entrarás en más detalles acerca de cómo te convertiste en un seguidor de Cristo, pero habla de lo más destacado en esta ocasión).

Algo bueno para hablar es tu respuesta a la siguiente afirmación: «Si pudiera tener contacto con la persona en esta foto (tú como adolescente), y decirle algo que ahora sé, eso sería_____
_____».

Recuerda, esto no es un estudio bíblico sino un pasaje de la Escritura que captura la esencia de tu historia, así que habla de este si puedes enlazarlo naturalmente.

Habla también de lo que te gusta hacer ahora: ¿cuáles son tus pasiones, las cosas que le dan aliento a tu vida? Conversa de tu familia, amigos y del trabajo que haces fuera o dentro de casa. Baja la guardia y diviértete. Permite que él sepa que tienes una vida completa que no solo abarca asuntos «espirituales». Si eres capaz de hacerlo, conversa de los «temas» que parecen ser los principales en tu vida, los asuntos que te aparecen repetidamente. No sermonees, solo habla con el corazón. Recuerda que le estás mostrando lo que quieres que haga, por eso sé franco y sincero, levanta puentes de entendimiento e identificación entre su mundo y el tuyo.

Pregunta también sobre sus intereses, pasatiempos, gustos musicales y situación familiar. Dado que profundizarás más en la siguiente reunión sobre estas cosas, obten una mejor idea de sus historias y cómo Dios ha infuenciado en ellas.

Les daremos espacio por adelantado de sus tiempos de reunión para que escriban lo que ustedes querrán cubrir en estas cuatro áreas para cada esbozo de lección. También sugerimos un desafío que se ajuste con la lección (ver más adelante), pero recuerda prestar atención en ese momento a tu oración, motivación, conversación y desafío. Estas son mejores si constituyen la respuesta de algo que observas en ese preciso momento. Es preferible confiar en lo que te diga el Espíritu (incluso si has escrito algo antes de la reunión). Por supuesto, estas cuatro actividades pueden no ocurrir en este orden y no deberían estar todas agrupadas al final de tu reunión (excepto el desafío, que *sí* es pertinente en ese momento). Las hemos agrupado todas aquí para que las recuerdes al final del plan de lección con el fin de asegurarnos de que las hagas en algún momento de la reunión.

➲ Orar

➲ Motivación

⊃ Conversación

⊃ Desafío

Sugerencia para el desafío de esta semana: preguntar a dos adultos lo qué hubieran querido saber a tu edad.

Lista de control del mentor para cada reunión

Recuerda hacer estas cuatro cosas cada vez que te reúnes con tu estudiante (ver capítulo ocho):

☐ Ora (las oraciones breves estarán bien).

☐ Motiva (di algo positivo y específico sobre el estudiante. Por ejemplo: «Me gustó tu atención cuando hablé; sabes escuchar»).

☐ Conversa (muestra «tu verdadero yo» y el último trabajo que Dios ha hecho en ti. Por ejemplo: «He sido últimamente muy impaciente y necesito que Dios me ayude en esta área, antes que cause más daño»).

☐ Desafía (un objetivo o acción sencilla a tomar en esta semana. Por ejemplo: «Haz algo amable por una persona en esta semana, pero sin que se de cuenta». Es una buena idea llamarle o enviarle un correo electrónico durante la semana para recordarle el desafío y ver cómo le va).

Pregunta importante # 1: ¿Cómo me muestra Dios que él es real?

Idea central: Dios quiere una relación personal con nosotros y ha dado pasos para darse a conocer.

Revisa:

> **Notas del líder**
>
> Empieza cada reunión con una breve «revisión», que consiste en dos o tres preguntas: dos son presentadas más adelante y la tercera, acerca de llevar un diario, será añadida cuando haya reuniones de conversación formal (no en los tiempos «compartir»).

1. *En realidad,* ¿cómo te va?

2. ¿Cómo te fue con el desafío personal de la semana pasada? Si usaste la sugerencia, pregúntale: «¿Qué te contestaron los dos adultos en relación a lo que deseaban saber a tu edad?»

Estudio (preguntas de discusión)

> **Notas del líder**
>
> El estudio de cada semana consiste en una serie de preguntas que inician con temas generales, luego requiere mayor profundidad, así que involucra narraciones personales y haz que el estudiante busque en las Escrituras. Antes de que responda las preguntas, tú debes hacerlo; esto servirá para que conozca tu vida y perspectiva. Estas interrogantes están hechas para estimular una discusión, no son «preguntas de prueba» que deban ser contestadas de forma correcta. La mayoría de las semanas te damos más preguntas de las que puedes cubrir en una hora. Hemos hecho esto deliberadamente para que puedas escoger entre las preguntas aquellas que piensas son mejores para él. Podrías sugerir que responda las restantes entre una y otra reunión, cuando tenga momentos de reflexión a solas con Dios.

> Cuando estén juntos, evita atascarte o desalentarte tratando de contestar cada pregunta que hemos incluido. Recuerda, el mentoreo no consiste en cubrir un material sino en *descubrir* juntos lo que es importante.

1 ¿Cuáles son tus recuerdos más tempranos de lo que pensabas que era Dios?

2 ¿Cómo ha cambiado tu perspectiva de Dios desde entonces?

Lee Salmos 8:3-4; 19:1-4; Romanos 1:20.

3 ¿Cómo resumirías lo que estos versículos dicen sobre el mensaje de Dios a la humanidad a través de su creación?

4 ¿Cómo usó Dios su creación para hablarte personalmente?

Notas del líder

Los teólogos llaman a esta clase de revelación: «revelación general», que es la manera en que Dios se muestra indirectamente y «habla» a la humanidad de todos los tiempos; la cual se contrasta con la «revelación especial», en la que Dios habla de manera directa a gente específica en momentos específicos a través de la Escritura, y más dramáticamente durante la encarnación de Jesús (ver la siguiente pregunta).

Dios también nos habla a través de la Biblia, su Palabra escrita; y a través de Jesús, su Palabra (mensaje) encarnada. Leer Juan 1:1-5 y Hebreos 1:1-3.

5 ¿Qué te enseñan estos pasajes sobre el rol de Jesús para ayudarnos a comprender a Dios?

Notas del líder

La revelación general es poderosa, pero no suficiente; es informativa y convincente, pero no redime; nos puede guiar en el conocimiento del pecado, pero no en el conocimiento de un Salvador. Por eso necesitamos la revelación especial y el porqué Jesús es tan importante en el plan de redención de Dios. Ahora que él ha venido, tenemos conocimiento total de lo que Dios es, lo que necesita y la manera en que nos salva. Estas son tan buenas noticias que no nos dejan a tientas en la oscuridad. Sin embargo, también hay una advertencia: «¿Cómo escaparemos nosotros si descuidamos una salvación tan grande?» (Hebreos 2:3).

Ahora, lee Juan 1:10-14. Mucha gente vio y escuchó a Jesús sin ser cambiada. En nuestros días, también hay muchas personas que conocen hechos sobre Jesús, pero que no están entre sus seguidores

6 De acuerdo a los versículos 12 y 13, ¿cómo se transforma una persona *hecha* por Dios a *hijo* de Dios?

7 Cuenta la historia de cómo y cuándo te sucedió esto.

Lee lo que Jesús dijo en Juan 10:10 (en especial la última mitad del versículo).

8 ¿Por qué crees que alguna gente que sigue a Cristo no vive «la vida al máximo» como él lo prometió?

9 ¿Cuál crees que es tu rol con el fin de asegurarte que experimentas la clase de vida abundante que Cristo quiere que tengas a diario?

10 Lee Juan 15:5-9. Haz un resumen con tus propias palabras de la analogía que Jesús usó para explicar este concepto.

> ⊃ Es posible que ignoren sus mandamientos, lo cual requiere aprendizaje.
>
> ⊃ Puede que se resistan a sus mandamientos, lo cual requiere confianza.
>
> ⊃ Es posible que se rebelen contra sus mandamientos, lo cual requiere confrontación con la desobediencia.
>
> La clave para experimentar la vida en Cristo es sujetarse a él, rendirse al Espíritu Santo y obedecerle, y no con el fin de ganar amor sino con un espíritu agradecido por tal amor.

Versículo a memorizar

«Yo he venido para que tengan vida, y la tengan en abundancia».   (Juan 10:10)

¿Cómo puedo aplicar este versículo en mi vida?

Notas del líder

Incluimos un versículo para memorizar relacionado con el tema de cada lección. Asegúrate de que el estudiante entienda lo que significa y cómo se aplica a su vida. Por ejemplo, luego de haberlo leído, podrías preguntarle: «¿Cómo usarás este versículo para ayudar a un amigo?»; o «¿De qué manera se refiere este verso a una pregunta que la gente tiene, o nos da la perspectiva de Dios en referencia a algo?»; o simplemente: «¿Cómo se aplica este verso a tu vida?», como se sugiere en la guía del estudiante.

Desafío personal

Sugerencia para el desafío de esta semana: muéstrale gracia a alguien, amabilidad no merecida, como una manera de profundizar tu propia experiencia de la gracia de Dios. Cuando alguien en la escuela te hable sin cortesía, cuenta hasta diez y visualiza a Dios amando y comprendiendo a esta persona. Obedece a tus padres o a un profesor con rapidez, sin argumentar o resistirte. Piensa en alguien que te moleste, y muéstrale un sencillo gesto de amabilidad.

Mi vida

Notas del líder

Después de cada tiempo de estudio, ofreceremos sugerencias para que le des al estudiante y se reúna a solas con Dios o haga alguna otra actividad que refuerce un aspecto del estudio. Si no lo hace, esta sería una gran manera de introducirles en el hábito de llevar un diario. Nosotros te exhortamos a que también lo hagas cada semana; esta es otra manera de compartir tu vida con él.

Fíjate durante esta semana en las maneras ordinarias en que Dios se te revela a través de la naturaleza, la gente, tu conciencia y respuestas silenciosas en tu mente. Al final de cada día, anota cómo Dios se te reveló. Prepárate para hablar de tus pensamientos en la siguiente reunión cuando discutamos la pregunta importante # 2: ¿qué quiere Dios de mí?

Lista de control del mentor para cada reunión:

❑ Ora

❑ Motiva

❑ Conversa

❑ Desafía

Actividad compartir # 2
Preparación para la pregunta importante # 2

Ubicación: una librería o biblioteca

Idea central: la gente ha hecho grandes cosas que han cambiado el mundo para bien, y Dios quiere grandes cosas en tu vida si estás dispuesto a soñar a gran escala.

Revisa:
1. *En realidad, ¿cómo te va?*
2. ¿Cómo te fue con el desafío personal de la semana pasada? Si lo usaste, pregunta: «¿Cómo te pareció mostrar amabilidad a alguien que no se la merece?»

Actividad: reúnete en una librería que tenga un área interesante (o en una biblioteca, si no tienes al alcance una librería de esa naturaleza). Echen un vistazo a las biografías de hombres y mujeres importantes (por lo menos a una de alguien que haya sido un excéntrico, simplemente por divertirse); conversen de lo que descubrieron

Posibles preguntas para reflexionar: [estas deberían salir con naturalidad como parte de la conversación y no como un cuestionario que el estudiante debe responder «bien»].

1. ¿Es la grandeza cuestión de suerte?
2. ¿Qué clase de cualidades en común tiene la gente reconocida?
3. ¿Qué cambios para bien tenemos en nues̶ tuales que hayan provenido de gente que h̶ pasado?
4. ¿Son los grandes personajes sencillamente u̶ cos o arrogantes perseguidores de triunfos

5. ¿Qué precio se debe pagar para destacarse de los otros?
6. ¿Crees que Dios te podría usar para hacer una gran contribución? ¿Si o no y por qué?
7. ¿Qué cosas cotidianas podrías hacer en este momento para influir en la vida de alguien? ¿Cómo se consideraría esto como una gran contribución en el nombre de Dios?

Sugerencias para el desafío de esta semana: identifica una cualidad de alguien a quien admires y piensa cómo esta podría manifestarse más en tu vida; en realidad trata de hacer un pequeño cambio en esa dirección.

Lista de control del mentor para cada reunión:

☐ Ora

☐ Motiva

☐ Conversa

☐ Desafía

Pregunta importante # 2:
¿Qué quiere Dios de mí?

Idea central: el cristianismo consiste en una relación con Dios basada en la gracia y el amor; le obedecemos por gratitud, no por legalismos.

Revisa:

1. *En realidad,* ¿cómo te va?
2. ¿Hubo alguna cosa interesante en tu diario durante esta semana? Lean o conversen sobre algunos pensamientos registrados.

Notas del líder

Llevar un diario es una práctica muy privada. Sé sensible al insistir en que se hable de una información demasiado personal. Permite que el estudiante tenga libertad de hablar hasta el punto que se sienta cómodo con lo que revela.

3. ¿Cómo te fue con el desafío personal de la semana pasada? Si usaste la sugerencia, pregúntale: «¿Qué cualidad de una gran persona elegiste? ¿Cómo te fue al intentar vivir de esa manera?».

Estudio (preguntas de discusión)

1 Describe una relación en la cual no tenías seguridad si estabas «dentro» o «fuera» en lo que se refiere a esa persona.

2 ¿Por qué es tan difícil acercarse a alguien que no te permite saber cuál es tu posición con respecto a él?

Algunas personas piensan que una relación con Dios es así: que él nunca te permite saber cuál es tu posición y que en cualquier momento te podría dar la espalda si te sales de la línea; que en ocasiones, podrías sentir que realmente no eres un amigo de Dios.

3 ¿Por qué esta incertidumbre evita que tengamos una relación cercana con él?

Notas del líder

El evangelio precisamente es gracia; porque la única otra alternativa es ganarte tu propio camino a Dios, y eso es imposible. Si seguimos relacionándonos con Dios inseguros de su amor o aceptación, estamos condenados a una relación superficial y basada en el temor. Si sabemos que somos perdonados, podemos acercarnos a él con confianza y amor, sin intentar obtener algo, sino conociendo que tenemos lo que necesitamos. También debemos saber que cuando no estemos en nuestro mejor momento, él aun así nos ama y acepta. De lo contrario, tendemos a «escondernos» cuando no estamos obrando bien. Esta es otra manera en que el maligno evita que tengamos comunión con Dios, que es exactamente lo que más necesitamos cuando andamos desviados.

4 Lee Juan 10:11-15. ¿Qué crees que Jesús quiere que sientan sus ovejas hacia su pastor?

Notas del líder

La conclusión es que Jesús está para nosotros: murió por nosotros y desea protegernos y pastorearnos.

5 Lee Juan 10:27-30. De acuerdo a Jesús, ¿en manos de quién están cada una de sus ovejas?

6 ¿Por qué piensas que Jesús enfatizó cuán seguras estaban sus ovejas?

Notas del líder

Las manos de Jesús están sobre nosotros y las manos del Padre están alrededor de él. Saber que estamos seguros nos ayuda a relacionarnos con Dios basados en la seguridad, no de acuerdo a nuestra actitud de rendición.

Reflexiona en esta breve historia: había una vez un estricto entrenador que hacía muchas exigencias a sus jugadores. Parecía no importarle el equipo, y a nadie le gustaba. Dejaba notas para sus jugadores que decían lo que habían hecho mal y enlistaba las cosas que quería hicieran diferente. Los jugadores trataban de seguir las direcciones del entrenador, pero siempre parecía muy difícil, por lo que a cada rato eran criticados.

En medio de la temporada, el entrenador salió y uno nuevo fue contratado en su lugar. El nuevo entrenador era fuerte, pero no menospreciaba a sus jugadores. Era capaz de obtener lo mejor del equipo, los motivaba generosamente y de verdad se preocupaba por cada jugador. A todo el mundo le gustaba el nuevo entrenador; estaban felices de haberse librado del anterior.

Un día, justo antes del último juego de la temporada, un jugador encontró una de las notas con tareas «por hacer» del antiguo entrenador en la parte trasera de su casillero. Sintió que su cara se ponía roja de la ira al recordar lo que era jugar bajo las órdenes de ese tirano, que trataba de complacer sin provecho. Al leer la nota y sus requerimientos, se dio cuenta que todas las instrucciones que había escrito, *de hecho las estaba haciendo ahora.* Estaba jugando con más ahínco del que había jugado antes bajo las órdenes del antiguo entrenador. Es más, él *quería* cumplir las cosas de la lista por la confianza, respeto y amor que le tenía al nuevo entrenador, y porque él lo trataba con aprecio.

7 ¿Qué similitudes puedes hacer entre esta historia y cómo nos relacionamos con Dios?

8 Lee Lucas 18:10-14. ¿De qué manera esto te permite ver cómo la gente actúa cuando piensa que su relación con Dios se basa en su comportamiento más que en el perdón y la gracia?

9 ¿Alguna vez has pretendido ser recto o has fingido? ¿Por qué crees que has tenido que hacer eso?

Notas del líder

El orgullo y el juicio son fruto de la intolerancia religiosa. La humildad y la verdadera cercanía a Dios provienen de un corazón quebrantado y contrito (cf. Salmos 51). La gente que piensa que es aceptable se vuelve orgullosa, pero la gente que ha recibido la aceptación por gracia es agradecida y humilde.

En una ocasión, la gente le preguntó a Jesús: «¿Qué tenemos que hacer para realizar las obras que Dios exige?» Jesús respondió: «Ésta es la obra de Dios: que crean [eso es confiar] en aquel a quien él envió» (Juan 6:28-29, *énfasis añadido*). La palabra griega para «creer» incluye la idea de «confiar en, contar con, aferrarse a» (el Nuevo Testamento fue escrito primero en griego).

10 A la luz del significado de este versículo y de acuerdo a Jesús, ¿cuál es «la primera orden del negocio» entre Dios y nosotros?

11 ¿Por qué perdemos la pista si tratamos de seguir los Diez Mandamientos o hacer otras cosas buenas, sin primero poner nuestra confianza en Cristo en lo que se refiere a la aceptación de Dios?

Notas del líder

Un niño que está seguro del amor de sus padres actúa muy diferente a aquel que busca ese amor. Un hijo de Dios que confía en él y luego le obedece es muy diferente a aquel que trata de obedecerle a la espera de que dicha actitud produzca aceptación.

Versículo a memorizar

«—Ésta es la obra de Dios: que crean en aquel a quien él envió —les respondió Jesús» (Juan 6:29).

¿Cómo puedo aplicar este versículo en mi vida?

Notas del líder

Asegúrate de que el estudiante haya hecho la conexión entre este versículo y la «vida real».

Desafío personal

Sugerencia para el desafío de esta semana: ¿cómo puedes cambiar una mala actitud que tienes al apoyarte más en la gracia de Dios? ¿Cómo podría ayudarte pasar más tiempo con él en lugar de «esforzarte más»?

Mi vida

Reflexiona en estas preguntas: «¿En qué área de mi vida tengo problemas para confiar en Dios? ¿Por qué me es difícil confiar en Dios en esa área?»

Prepárate para hablar de tus pensamientos en la siguiente reunión cuando discutamos la pregunta importante # 3: ¿qué propósito tiene Dios para mi vida?

Lista de control del mentor para cada reunión:

❑ Ora

❑ Motiva

❑ Conversa

❑ Desafía

Actividad compartir # 3
Preparación para la pregunta importante # 3

Ubicación: un cementerio o un edificio en ruinas

Idea central: un recordatorio de la brevedad de la vida que enfatice la necesidad de una visión actualizada del propósito de mi vida.

Revisa:
1. *En realidad, ¿cómo te va?*
2. ¿Cómo te fue con el desafío personal de la semana pasada? Si lo usaste, pregunta: «¿Cómo te ayudó con una mala actitud que identificaste pero que superaste apoyado por la oración y la gracia de Dios?».

Actividad: vayan por un cementerio o un edificio antiguo y caminen por sus alrededores. Hablen de cómo imaginan que estas personas fueron (o el edificio fue) al inicio. La verdad sobre este mundo es que las cosas parecen permanentes, pero no lo son. Las edificaciones y los cuerpos, incluso las ciudades y civilizaciones, dan la impresión de que durarán para siempre, pero todas dejarán de existir *sin excepción*. Solo nuestras almas son eternas. Cualquier cosa que hagamos con nuestras vidas, necesitamos hacerlo a la luz de lo que es eterno.

Posibles preguntas para reflexionar: [recuerda que estas deberían salir con naturalidad como parte de la conversación].
1. ¿Por qué crees que Dios hizo el universo de tal manera que todo se deteriora, incluso nosotros?
2. ¿Piensas que la mayoría de la gente vive su vida como si fueran a morir un día? ¿Por qué si o no?
3. (Si están en un edificio) ¿Qué piensas que el arquitecto y los constructores dirían si pudieran verlo ahora?

4. (Si están en un cementerio) Caminen entre las tumbas y fíjense en las lápidas; elige una con una inscripción que te parezca interesante y explica por qué.

5. Sabiendo que los cuerpos (y edificios) se deterioran, ¿qué piensas que una persona puede hacer con su vida para que esta valga la pena? ¿Qué harás con tu vida que cuente para la eternidad?

Sugerencias para el desafío de esta semana: haz o di algo que tenga de verdad el potencial de destacarse, algo que sea *duradero*. Podría ser algo como una nota de motivación, contactar a tus abuelos para ver cómo les va, apagar la televisión y orar por un amigo, ser voluntario en la escuela o la iglesia, etc.

Lista de control del mentor para cada reunión:

❑ Ora

❑ Motiva

❑ Conversa

❑ Desafía

Pregunta importante # 3: ¿Qué propósito tiene Dios para mi vida?

Idea central: Dios tiene planes y deseos para tu vida, y eres libre de «soñar en grande», porque un Dios grande quiere trabajar a través de ti.

Revisa:

1. *En realidad, ¿cómo te va?*
2. ¿Hubo alguna cosa interesante en tu diario durante esta semana? Lean o conversen sobre algunos de estos pensamientos.
3. ¿Cómo te fue con el desafío personal de la semana pasada? Si usaste la sugerencia, pregúntale: «¿Qué actividad hiciste que pensabas se destacaría?» (Por cierto, no te sientas desalentado si no ves resultados inmediatos; cultiva esto como un estilo de vida, no como una solución rápida a los problemas).

Estudio (preguntas de discusión)

1 Describe una ocasión en la que viste o trataste de usar una herramienta que no entendías cómo emplear de forma apropiada.

2 ¿Qué te pareció cuando alguien que sí sabía lo que hacía usó la herramienta?

Notas del líder

Esta conversación plantea la idea de que nuestras vidas son como una herramienta en las manos de Dios. Cuando tratamos de vivir nuestra vida sin la guía y liderazgo de Dios, no estamos usando la herramienta de acuerdo a su diseño. Sin embargo, una vez que Dios, el maestro alfarero nos tiene en sus manos y le permitimos que nos use, cumplimos nuestra razón de existir. *No trates de sacarle todo al estudiante cuando responda esta pregunta;* es solamente un enlace para que esta idea se sugiera a sí misma de manera natural cuando el resto de la conversación se desarrolle.

3 Lee Isaías 64:8. Sabiendo que Dios te hizo, ¿cuáles son algunos de tus aspectos únicos (su «barro» especial) que podrían indicar los planes que tiene para ti y lo que él quiere hacer a través de tu vida?

Notas del líder

Es una gran oportunidad para hablar sobre la vida del estudiante. Tus palabras de acuerdo y afirmación, luego de que él haya contado lo que ve, será muy bien recordado por toda la vida.

Lee Efesios 2:10. La palabra «hechura» tiene la misma raíz detrás de la palabra «poema».

4 ¿Cuál es tu reacción ante la idea de que eres un poema de Dios?

5 En la última parte de Efesios 2:10 se menciona que Dios ha pensado mucho de antemano en las buenas obras que harás. ¿Qué significa para ti esa preparación por adelantado de tu vida?

Notas del líder

No te apartes de tu propósito por una conversación sobre el tema de la predestinación que tal vez surja en este punto. La clave de la pregunta es que Dios nos ha dado mucho cuidado, ha pensado mucho en tu vida y te ha creado con un diseño en mente. Dado que no eres un títere, y es tu trabajo encontrar la manera única en la que él te ha programado para que puedas cooperar con lo que pretende que hagas en el mundo. Esta es una oportunidad también de hacer saber a tu estudiante la manera que puede tener grandes sueños sobre lo que Dios tiene guardado para él.

Lee Jeremías 29:11. En ese contexto, Israel estaba en el exilio lejos de casa, pero Dios les hizo saber que los tiempos difíciles no durarían.

6 Dado que el corazón de Dios es el mismo hacia ti, ¿cómo expresarías en tus propias palabras, usando tu nombre, la promesa que te es dada a través del profeta Jeremías?

«Vengan, síganme», les dijo Jesús a unos hombres que estaban pescando, «y los haré pescadores de hombres» (Marcos 1:17). El Señor tenía en mente un enorme cambio para ellos. Fíjate que el propósito del Señor es ayudarnos a que nos convirtamos en cierta clase de personas. Donde estemos o el trabajo que hagamos no es tan importante como quiénes somos y la clase de carácter que estamos desarrollando. Toma en cuenta las palabras de Pablo: «La voluntad de Dios es que sean santificados; que se aparten de la inmoralidad sexual»

(1 Tesalonicenses 4:3); también escribió más adelante: «Estén siempre alegres, oren sin cesar, den gracias a Dios en toda situación, porque esta es su voluntad para ustedes en Cristo Jesús» (1 Tesalonicenses 5:16-18). Ahora, lee esos versos en voz alta, e inserta tu nombre en lugar de la plabra usteds, como si se dijeran para ti directamente.

7 Si alguien te pregunta: «¿Cuál es la voluntad de Dios para mí?» ¿Lo que dicen estos versos es parte de la respuesta?

Notas del líder

Los estudiantes a menudo quieren saber la voluntad de Dios para sus vidas, la cual en sus mentes se reduce a la universidad a la que deberían ir, con quién deberían casarse y qué carrera deberían escoger. No obstante, si en lugar de ello entienden que deberían hacer la voluntad de Dios como se revela en la Escritura (obedecer sus mandamientos) y ven cómo Dios les ha dotado, (cuáles son sus esperanzas y deseos), será más probable que encuentren la respuesta a todas esas otras preguntas en sus preferencias y no en una voz proveniente del cielo. Cuando obedecemos a Dios, de forma usual nuestras preferencias son su voluntad (ver la siguiente pregunta).

8 Lee Salmos 37:4. Si «los deseos de tu corazón» son lo que Dios te quiere dar, ¿qué te dice esto sobre una parte importante de cómo encontrar la voluntad de Dios para tu vida?

9 El famoso líder cristiano del siglo quinto, Agustín, escribió una vez: «Ama a Dios y haz lo que te plazca». ¿Cómo esta enseñanza se alinea con este verso? ¿Se puede llevar esto demasiado lejos? Explica.

10 Lee Lucas 16:10. Basado en esto, si quisieras mayores responsabilidades o «ascenso» en el reino de Dios, ¿qué deberías hacer primero? ¿Por qué crees que Dios lo planteó de esa manera?

¿Cómo crees que esto se aplica a la guía de Dios hacia el siguiente paso de su plan para tu vida?

Notas del líder

Notas del líder

Es muy importante para los estudiantes hacer bien las cosas requeridas por la vida en el presente como prerrequisitos para futuras bendiciones. Como traten a sus hermanos ahora, los prepara para tratar bien a sus cónyuges. Como traten a sus maestros y padres ahora, los prepara para seguir el liderazgo de su futuro jefe. Evitar decir «mentiras piadosas» ahora les entrena para mantener su integridad cuando en realidad sea importante. Como hagan sus deberes, que podría parecer trivial, es donde desarrollan el carácter para realizar las tareas futuras de Dios, que podrían cambiar el mundo. No hay experiencia que se desperdicie en la vida si actuamos de acuerdo a la voluntad del Señor. Aprendiendo a hacer cosas pequeñas es la manera en que nos preparemos a hacer las cosas importantes hacia un futuro. En este punto, tu ejemplo como mentor resulta clave cuando que ven vives de cierta manera, haciendo todo «como para el Señor» (Colosenses 3:23).

Versículo a memorizar

«Porque yo sé muy bien los planes que tengo para ustedes —afirma el Señor—, planes de bienestar y no de calamidad, a fin de darles un futuro y una esperanza» (Jeremías 29:11).

¿Cómo puedo aplicar este versículo en mi vida?

Notas del líder

Asegúrate de que el estudiante haya hecho la conexión entre este versículo y la «vida real».

Desafío personal

Sugerencia para el desafío de esta semana: fíjate en algo que el estudiante haga bien; motívalo a que se decida y le dé un mejor uso a esa destreza o cualidad de carácter para que la lleve a un nivel superior. Envíale un correo electrónico o escríbele una carta de motivación que mencione en detalle las cualidades que ves en él, y dáselas más adelante durante la semana.

Mi vida

Escribe una oración y pídele a Dios que te muestre algunos de los sueños que tiene para tu vida. También hazle conocer algunos de los sueños que tienes en tu corazón y que quieres realizarlos para él. Prepárate para hablar de tus pensamientos en la siguiente reunión cuando discutamos la pregunta importante # 4: ¿por qué importa lo que creo sobre Dios?

Lista de control del mentor para cada reunión:

❑ Ora

❑ Motiva

❑ Conversa

❑ Desafía

Actividad compartir # 4
Preparación para la pregunta importante # 4

Ubicación: en un cine o en casa viendo una película.

Idea central: lo que crees determina cómo vives, para bien o para mal.

Revisa:
1. *En realidad, ¿cómo te va?*
2. ¿Cómo te fue con el desafío personal de la semana pasada? Si lo usaste, pregunta: «¿Encontraste una manera de dar mejor uso a tu destreza o cualidad de carácter de la que hablaste la última vez?».

Actividad: vean una película sobre una persona famosa para mostrar cómo sus creencias determinan su vida. Podrían ser cristianas (Eric Liddel en *Carros de fuego* o C.S. Lewis en *Tierras de penumbra* o el capitán Ernest Gordon y los otros prisioneros de guerra en *Mas allá del poder*) o no cristianas (la película *Gandhi* es un buen ejemplo de alguien influenciado por la enseñanza de Cristo, aunque no era cristiano; también las cintas como *Remember the Titanes, Hicieron historia; Rudy, Reto a la gloria; o Hoosiers, Más que ídolos*). Otra opción es ver una película sobre alguien que empezó bien, pero después fracasó, para mostrar cómo la falsas creencias-valores te conducen a una vida desperdiciada (por ejemplo: Howard Hughes, retratado en *Aviador*). Coloca la película diciéndole al estudiante que se fije en las creencias que determinaron la vida de los personajes. No te olvides hacer palomitas de maíz o un refrigerio. ¡Diviértanse!

Posibles preguntas para reflexionar:
1. ¿Cuáles creencias correctas ayudaron al héroe o cuáles creencias erradas lo llevaron a la tragedia?

2. Algunas creencias parecen importar más que otras. ¿Qué creencias enfatizaron los personajes de la película como importantes (incluso si no lo eran en realidad)?

3. Da ejemplos de cómo las creencias equivocadas tienen consecuencias negativas en la vida, como se vio en la película.

4. ¿Cómo reaccionarías a la aseveración de que no importa lo *que* creas de Dios, siempre y cuando creas en él; incluso si tu dios no tiene nada de parecido al Dios de la Biblia?

Sugerencias para el desafío de esta semana: fíjate en una creencia que prevalezca a tu alrededor en películas, televisión, canciones, etc., la cual es equivocada y aun así te atrae o te tienta. Ten a la mano una declaración resumida que refute con tus propias palabras esa mala influencia. Por ejemplo, las revistas, de manera típica, muestran que únicamente eres aceptable si eres bien parecido y a menudo te dan la impresión de que la mayoría de la gente es súper flaca, lo cual es estadísticamente errado y daña las emociones. La declaración que la contradice podría ser: «Dios nos hizo a todos con diferente forma y talla, y soy hermoso por dentro y por fuera, siendo exactamente como soy».

Lista de control del mentor para cada reunión:

❑ Ora

❑ Motiva

❑ Conversa

❑ Desafía

Pregunta importante # 4: ¿Por qué importa lo que creo sobre Dios?

Idea central: Las creencias espirituales tienen directa correlación con la forma en que vivimos nuestras vidas. Por eso es importante examinar nuestras creencias esenciales para alinearlas con la verdad.

Revisa:
1. *En realidad, ¿cómo te va?*
2. ¿Hubo alguna cosa interesante en tu diario durante esta semana? Lean o conversen de algunos pensamientos de su diario
3. ¿Cómo te fue con el desafío personal de la semana pasada? Si usaste la sugerencia, pregúntale: «¿En qué declaración pensaste para contradecir una falsa creencia en el mundo?».

Estudio (preguntas de discusión)

1 Utiliza exactamente dos minutos para escribir todas las palabras que puedas, a fin de describir a Dios. Después de hacerlo, encierra en un círculo una o dos de las palabras que crees son las más importantes.

2 ¿Cómo sería tu vida diferente si Dios en realidad no fuera así?

3 Lee Mateo 7:24-29. Da un ejemplo sobre lo que está hablando el Señor.

4 Si Jesús y su Palabra son tan indispensables, ¿cómo explicas que haya no creyentes cuyas vidas parecen funcionar bien?

Notas del líder

La diferencia clave que Jesús señaló entre las dos casas es la prueba, la tormenta que está por venir... y llegará, si no es en esta vida, será en el día del juicio. Alguna gente se ve bien ahora por fuera, pero cuando sus vidas sean probadas, será revelado lo que está dentro. La gente que ha planificado y construido toda su vida ignorando las instrucciones de Dios y arrogantemente dejándole fuera de la ecuación, se encogerán de vergüenza cuando todo sea revelado ante el trono, sin importar cuán «estables» nos puedan parecer en la actualidad.

5 Lee y resume con tus palabras lo que Jesús nos está advirtiendo en Mateo 24:4-5 y en los versículos 23-26. ¿Cuáles son algunos ejemplos de falsos cristos y aparentes profetas en nuestros días que hacen inveraces alegatos espirituales, que guían a la gente a perderse en nombre de la religión.

Notas del líder

Los falsos cristos no tienen que ser líderes del culto, aunque dicha gente definitivamente califica. Pueden ser personas o libros que distorsionan a Cristo y su mensaje. En ese sentido, incluso un amigo que te aleja del Señor está actuando como un «anticristo» (2 Juan 1:7).

6 Lee Mateo 16:13-17 y Juan 8:23-24. Con base a lo que Jesús dijo, ¿cuán importante es entender de manera correcta su identidad?

Un escritor dijo que básicamente hay cuatro opciones sobre quién era Jesús. Históricamente hablando, o era un mentiroso (hizo falsos alegatos sobre él, y lo sabía), un lunático (hizo falsos alegatos sobre él, y realmente los creía), una leyenda (nunca existió), o el Señor (Dios entre nosotros, tal como lo proclamaba).

7 Con base en esta afirmación del Señor, ¿qué habría dicho de alguien que proclamaba: «Yo creo que Jesús era un buen hombre o quizá un profeta, pero nada más»?

Notas del líder

La gente se siente tentada a relegar la identidad de Jesús a mera especulación teológica, pero el Señor fue bastante claro al decir que debemos aceptarlo por quién es. No obstante, si fallamos al respecto, pondremos en riesgo nuestra alma. Pablo reiteró que debemos rechazar a «otro Jesús» (2 Corintios 11:4), y que el Jesús de la opinión popular o redefinido en un grupo de culto (un hombre bueno o un profeta, pero nada más) es simplemente un falso cristo que no puede salvar.

Cuando los líderes religiosos tuvieron una visión equivocada de la vida después de la muerte, Jesús les corrigió diciendo: «Ustedes andan equivocados porque desconocen las Escrituras y el poder de Dios» (Mateo 22:29).

8 ¿Cuáles fueron las dos cosas que les llevaron al error espiritual de acuerdo a Jesús?

9 ¿Cómo contribuyen estas dos cosas al error espiritual que hay en nuestros días?

Notas del líder

El Señor reprochó su entendimiento errado de la Escritura (lo que ellos enseñaban sobre la vida después de la muerte) y su resistencia a ver cuán poderoso es Dios (que en realidad él podía traer a los muertos a la vida y resolver los insignificantes dilemas lógicos que anteponían como prueba de que la vida después de la muerte era imposible). Debido a estos dos malos entendidos, desarrollaron un punto de vista errado de la vida y la muerte. Poniéndolo de manera positiva, cuando nosotros entendemos las Escrituras de forma correcta, y tenemos una visión amplia de cuán poderoso es Dios, será mucho menos factible que caigamos en serios errores teológicos.

Alguien ha dicho: «Tu "testimonio" no es lo que eras antes de convertirte en un seguidor de Cristo; esa es tu historia. Tu testimonio es cómo Dios está para ti *todo el tiempo*». Retrocede a la lista de palabras que hiciste sobre Dios en la pregunta numero dos.

10 ¿Qué palabras escogerías para describir las maneras en que sientes que Dios está para ti? ¿Cuán importante es para ti ver a Dios de esta forma?

Versículo a memorizar

«Por eso les he dicho que morirán en sus pecados, pues si no creen que yo soy el que afirmo ser, en sus pecados morirán». (Juan 8:24).

¿Cómo puedo aplicar este versículo en mi vida?

Notas del líder

Asegúrate de que el estudiante haya hecho la conexión entre este verso y la «vida real».

Desafío personal

Sugerencia para el desafío de esta semana: identifica algo que podría ser un ídolo para ti, algo a lo que le prestes demasiada atención y que confíes demasiado o tienes la cantidad equivocada de aprecio por esto. Piensa en cómo puedes destronarlo para que Dios tenga otra vez su justo lugar.

Mi vida

Es claro que Jesús quiere que estemos inmersos en las Escrituras y profundamente conscientes del poder de Dios (cf. Mateo 22:29) para que podamos vivir bien y cerca de él. ¿De qué manera puedes aumentar tu cercanía y aprecio por la Palabra de Dios? También, en varias ocasiones a través de la semana, fíjate en un aspecto diferente del poder de Dios que observes o valores. Escribe lo que ves y lo que significa para ti. Prepárate para hablar de tus pensamientos en la siguiente reunión cuando discutamos la pregunta importante # 5: ¿cómo me ayuda Dios a mantenerme fuerte cuando la vida es dura?

Lista de control del mentor para cada reunión:

❑ Ora

❑ Motiva

❑ Conversa

❑ Desafía

Actividad compartir # 5
Preparación para la pregunta importante # 5

Ubicación: un centro comercial

Idea central: las tentaciones están alrededor de nosotros en varias formas, y no deberían sorprendernos

Revisa:
1. *En realidad,* ¿cómo te va?
2. ¿Cómo te fue con el desafío personal de la semana pasada? Si lo usaste, pregunta: «¿Qué posible "ídolo" encontraste en tu vida? ¿Cuál es tu plan para permitir que Dios sea Dios?».

Actividad: vayan al centro comercial. Dile al estudiante que simplemente harán una caminata silenciosa de un extremo al otro; que el objetivo es ser tan solo observadores. ¿Cuáles son los diferentes panoramas, sonidos y olores que experimentas? Cuando hayan terminado su caminata en silencio, pregúntale lo que vio, oyó y olió. Lleva la conversación un paso más allá, y pregúntale: «¿Cuántas veces y en qué formas fuiste tentado?» Asegúrate de ir a una tienda de ropa interior femenina, una tienda de dulces, una tienda de videos, una joyería cara y boutiques de moda. Sé franco contigo mismo sobre qué te tentó, sé un modelo de la clase de sinceridad que quieres obtener del estudiante.

Posibles preguntas para reflexionar:
1. ¿Cuál tentación obvia experimentaste? ¿Cuál no fue obvia?
2. ¿Cómo piensas que una persona puede tener cuidado

de mantener la pureza de la mente en un mundo como el nuestro?

3. Imagina a Jesús haciendo la misma caminata que nosotros. ¿Cuál hubiera sido su reacción?

Sugerencias para el desafío de esta semana: ¿qué crees que te tentará esta semana? Pregúntate por qué te tienta esto. ¿Qué necesidad interna produce esta tentación? Ora de forma específica pidiéndole a Dios ayuda para satisfacer esa necesidad de una manera diferente y saludable, con la certeza de que tu mentor estará orando por ti también.

Lista de control del mentor para cada reunión:

❏ Ora

❏ Motiva

❏ Conversa

❏ Desafía

Pregunta importante # 5: ¿Cómo me ayuda Dios a mantenerme fuerte cuando la vida es dura?

Idea central: todos tenemos áreas débiles donde somos tentados, y si no tenemos cuidado con eso, nos incapacitarán; debemos saber cuáles son esas áreas y estar vigilantes para protegernos.

Revisa:
1. *En realidad, ¿cómo te va?*
2. ¿Hubo alguna cosa interesante en tu diario durante esta semana? Lean o conversen sobre algunos de estos pensamientos.
3. ¿Cómo te fue con el desafío personal de la semana pasada? Si usaste la sugerencia, pregúntale: «¿Descubriste qué origina tus tentaciones? ¿Te ayudó la oración? ¿De qué manera?».

Estudio (preguntas de discusión)
(Lee primero este párrafo antes de hacer preguntas) La experiencia nos muestra que la tendencia es pecar en cuatro áreas importantes:

- Crisis relacionales (incluye mentira, engaño, chismes, ira, excluir a alguien)

- Mala conducta sexual (con un enamorado/enamorada, pornografía, lenguaje descortés y chistes)

- Mal manejo financiero (robar, engañar, egoísmo, materialismo y codicia)

- Adicciones (drogas, alcohol, fiestas, desórdenes alimenticios, perfeccionismo)

Aunque hay diferentes variaciones debajo de cada una de estas categorías, los seres humanos tendemos a tener «errores fatales» en estas áreas. Es posible que no pequemos de ninguna manera dramática, pero muchos pequeños compromisos pueden sumarse al dolor y a la vergüenza. Si una persona en algún momento hace trizas su vida, con seguridad seguirá uno de estos caminos.

Las crisis relacionales se presentan en muchas formas: ira explosiva, traición a la confianza, deslealtad, abandono, egoísmo, usar a otros en tu propio beneficio y celos, para nombrar unos pocos.

1 Elige una de estas crisis que has experimentado en alguna relación en tu vida, ya sea que la hayas hecho o que alguien te la hizo, y narra lo que sucedió.

2 Finalmente, ¿cuál fue el resultado de esa crisis?

Lee Proverbios 7:21-27. Este pasaje describe de manera poética, gráfica y detallada la mala conducta sexual y sus secuelas. El versículo 21 describe un aspecto sobre cómo funciona la seducción y el 25, otro. Si quieres mantenerte puro, es mucho más fácil evitar lo que viene *antes* del acto sexual que tratar de detener ese encuentro después que la pasión está encendida.

3 ¿Cuáles son esas dos actividades «presexuales» a evadir?

4 ¿Alguna vez las has usado o las han usado en ti? Explica.

Notas del líder

La conclusión de esto es que el coqueteo y las fantasías preceden al pecado sexual. Antes de poner tu cuerpo en una situación comprometedora has usado palabras y permitido a tu corazón llegar hasta ahí. La manera de evitar la inmoralidad sexual es evitar primero a la clase de persona que te enreda con sus palabras. También debes proteger tu corazón y tus pensamientos, porque tus acciones seguirán lo que tu mente haya fijado. El joven de Proverbios necesitaba evitar ser enredado por las palabras sexualmente cargadas de la mujer y debió no permitir que su corazón y su mente imaginaran el escenario que sucedió después. No hace falta decir que nunca debemos ser la clase de personas que usa palabras como esas para seducir a alguien que no sea nuestro cónyuge. Tampoco debemos intencional o descuidadamente contribuir a debilitar la resolución de un enamorado o enamorada a través de nuestro vestir u otras acciones.

5 Ahora, fijémonos en el mal manejo financiero. Aunque el robo descarado no sea común entre aquellos que conoces, ¿de qué manera la codicia, el mal uso de la tarjeta de crédito, violaciones al derecho de autor o el materialismo pueden causar problemas?

Notas del líder

Los problemas de dinero no se refieren en sí al dinero. Estos revelan debilidad en el carácter cuando se rehúsa una gratificación tardía. Más allá de eso, la gente usa cosas materiales para consolarse, excitarse y distraerse del dolor en su vida. En ese sentido, una persona puede convertirse en «adicta» a la sensación de placer asociada con la adquisición (un comprador compulsivo). El décimo mandamiento se refiere a la codicia, por lo que usar la tarjeta de crédito para comprar lo que no puedes pagar es una violación a ese mandato; por no mencionar una terrible administración y una forma de esclavismo. Ayuda a los estudiantes a ver que una mala relación con las «cosas» provocará un indecible sufrimiento y dolor al corazón, mientras que mantener las posesiones en su justo lugar nos da enorme libertad.

Propongamos un futuro hipotético en el cual rechazas a Dios y eliges desatar todas las restricciones morales.

6 Revisa cada una de las cuatro áreas mencionadas al principio de esta lección y habla de cuál sería tu más autodestructiva tendencia:

⮑ Crisis relacionales

⮑ Mala conducta sexual

⮑ Mal manejo financiero

⮑ Adicciones

Si combatir la debilidad de carácter fuera fácil, todos tendríamos éxito en ello. Sin embargo, la Biblia es clara al decir que estos asuntos son una lucha y, en ocasiones, es como una guerra.

7 Lee los siguientes versículos. Al final de cada grupo de versos, escribe con tus palabras cómo Dios nos ayuda a estar firmes en esta lucha en contra del pecado:

⮑ Juan 15:5

⮑ Romanos 12:1-2; 13:12-14

⮑ 1 Corintios 6:18-20; 10:13

⮑ Gálatas 5:13-18

⮑ Hebreos 13:5-7

⮑ Santiago 4:7-8

⮑ 1 Pedro 5:5-9

8 ¿Conoces algunos versículos que no estén en esta lista que te puedan ayudar a resistir la tentación? ¿Cuáles?

9 En ocasiones, los mejores de nosotros caerán y cometerán los pecados que tanto detestamos. ¿Qué nos enseñan los siguientes versos que debemos hacer cuando eso sucede?

➲ Proverbios 24:16

Notas del líder
¡Levántate de nuevo!

➲ Santiago 5:16

Notas del líder
Confiesa tu falta y preséntala ante la comunidad; díselo a alguien, no solo a Dios

➲ 1 Juan 1:8—2:2

Notas del líder
Sabes que Dios ha prometido borrar no solo los pecados pasados sino todos los pecados. Podemos ser sinceros porque Dios conoce nuestra naturaleza pecadora y nos invita a admitirlos y confesarlos. En ese sentido, podremos caminar en comunión con él si nos limpiamos a cada instante.

Versículo a memorizar

«Si confesamos nuestros pecados, Dios, que es fiel y justo, nos los perdonará y nos limpiará de toda maldad» (1 Juan 1:9).

¿Cómo puedo aplicar este versículo en mi vida?

Notas del líder

Asegúrate de que el estudiante haya hecho la conexión entre este verso y la «vida real».

Desafío personal

Sugerencia para el desafío de esta semana: enfócate en una buena cualidad que contrarreste tu error fatal. ¿Cómo puedes ejercitarla y fortalecerla esta semana? Sé consciente de lo que desencadena tu error fatal. ¿Qué pasos puedes dar para evitar caer en una situación similar?

Mi vida

Reflexiona en lo que sucedería si caes en el «error fatal» contra el que luchas. ¿Cómo sería tu vida dentro de cinco años si no hubieras superado este error? Describe detalladamente tu vida atrapada y dominada por ese pecado. Compara esa descripción con otro retrato de tu vida totálmente libre de ese error. ¿Cómo te verías y te sentirías si pudieras detenerlo ahora? Recuerda que, como seguidor de Cristo, se te ha prometido la ayuda de Dios para vivir más libre y plenamente. Prepárate para hablar de tus pensamientos en la siguiente reunión cuando discutamos la pregunta importante # 6: ¿qué clase de persona quiere Dios en mi vida?

Notas del líder

Para tu siguiente tiempo «compartir», harás algo que requerirá que tu estudiante lleve ropa que pueda ser estropeada. Asegúrate de que sepa eso, con anticipación.

Lista de control del mentor
para cada reunión:

❑ Ora

❑ Motiva

❑ Conversa

❑ Desafía

Actividad compartir # 6
Preparación para la pregunta importante # 6

Ubicación: determínala tú

Idea central: crea un escenario de «sigue al líder» para mostrarle al estudiante cómo las malas compañías corrompen el buen comportamiento.

Revisa:
1. *En realidad,* ¿cómo te va?
2. ¿Cómo te fue con el desafío personal de la semana pasada? Si lo usaste, pregunta: «¿En qué buena cualidad te enfocaste para contrarrestar tu error fatal?»

Actividad: recuerda, *antes* de esta actividad, dile al estudiante que venga vestido con ropas que puedan estropearse (hazle una llamada telefónica la noche anterior para que no se olvide que es conveniente). Cuando se reúnan, dile que jugarán a «sigue al líder». Explica que debe hacer exactamente lo que tú hagas. Despliega actividades divertidas que requieran coraje como caminar en el lodo, comer algo que no sabe bien (cebollas, salsa picante), caminar a través del regadío, saltar a una piscina con ropa, etc. Haz cosas que garanticen que ambos rían, pero nada que sea humillante o doloroso.

Cuando el juego termine, señálale que nos pueden motivar a hacer cosas extrañas solo porque alguien en quien confiamos nos lo pide. ¿Cuán influenciados estamos por nuestros más cercanos amigos y qué quieren ellos hacer y quieren que nosotros lo hagamos con ellos (o qué querremos hacer nosotros para ser aceptados por ellos)?

Posibles preguntas para reflexionar:
1. ¿Qué te hizo estar dispuesto a hacer las cosas locas que te pedí que hicieras?

2. ¿Qué tiene de bueno la presión de grupo? ¿Qué tiene de malo?

3. ¿Qué cosa loca te pidió alguien que hicieras de la cual ahora te arrepientes? Al mirar atrás, ¿por qué crees que cediste?

Sugerencias para el desafío de esta semana: fíjate esta semana cuando alguien te pida que hagas algo que sabes no es correcto y que haciéndolo no te sientes cómodo. Confía en tus instintos y resiste (es posible que no sea tan duro como crees). ¿Cómo te sentiste luego de tomada la decisión? ¿Te sentiste fuerte o débil? ¿Qué sucedió?

Lista de control del mentor para cada reunión:

❑ Ora

❑ Motiva

❑ Conversa

❑ Desafía

Pregunta importante # 6: ¿Qué clase de gente quiere Dios en mi vida?

Idea central: debemos seleccionar círculos de personas a nuestro alrededor que nos ayuden a crecer y nos den oportunidades ministeriales. Asegurémonos de no permitir que los amigos nos guíen al pecado.

Revisa:
1. *En realidad,* ¿cómo te va?
2. ¿Hubo alguna cosa interesante en tu diario durante esta semana? Lean o conversen sobre algunos de estos pensamientos.
3. ¿Cómo te fue con el desafío personal de la semana pasada? Si usaste la sugerencia, pregúntale: «¿Le dijiste no a quien te pidió hacer algo que pensaste no debías hacer? ¿Cómo te fue?».

Estudio (preguntas de discusión)

1 Lee Proverbios 27:17. ¿Cómo dirías lo que esto significa con tus propias palabras?

2 ¿Qué ejemplo vemos en tu vida de cómo funciona esto?

3 Lee 1 Tesalonicenses 5:11 y Hebreos 10:24-25. ¿Por qué crees que Dios desea que juguemos este rol en la vida de otros cristianos? ¿Por qué la Biblia por sí sola no es suficiente motivación o aliento?

Notas del líder

La misma Biblia declara que necesitamos más que únicamente la Palabra para mantener fuertes nuestras vidas espirituales. Dios quiere usar a la gente (sus palabras, su toque, su motivación) como herramientas de transformación. En ocasiones, la gente minimiza el rol de la ayuda humana como si todas nuestras necesidades debieran ser satisfechas directamente por Dios. Sin embargo, Dios nos pone en relación con otros de acuerdo a su plan. Esas relaciones juegan un papel importante en nuestro progreso espiritual, un diseño bueno e intencional de Dios del cual la Biblia da claro testimonio.

4 Así como la gente nos puede edificar, también nos puede hacer caer. Lee 1 Corintios 15:33. Da un ejemplo de cuándo viste suceder esto, ya sea en tu vida o en la de alguien que conoces.

5 Proverbios 16:28; 22:24-25 identifica las características de la clase de gente que puede lastimarnos. ¿Cómo crees que podemos mostrar amor por personas así y al mismo tiempo no permitir que nos hagan daño?

6 En casos extremos es posible que debamos separarnos de cierta gente hasta que estén dispuestos a cambiar. Según 1 Corintios 5:9-11 y 2 Tesalonicenses 3:14-15, ¿qué dice Pablo sobre la clase de persona que presenta la mayor amenaza para nuestro bienestar espiritual?

Notas del líder

Aunque posiblemente debamos apartarnos de algunos, esa no es excusa para actitudes sentenciosas o tratos severos como lo deja claro el versículo 15 del pasaje de 2 Tesalonicenses y Gálatas 6:1-2. Los versículos 9-10 de 3 Juan también reprochan a un hombre por llevar esto demasiado lejos al excluir a la gente por sentirse importante.

7 Jesús fue llamado «amigo de pecadores» (Mateo 11-19) y fue regañado por los líderes religiosos por estar con ellos en fiestas. Lee Lucas 5:29-32. ¿Cuál era el propósito del Señor al pasar tiempo con la clase de gente «equivocada»?

8 ¿Cómo podemos imitar a Jesús y no ser inducidos a acciones equivocadas en las cuales puedan involucrarse otros?

Notas del líder

Una de las cosas más difíciles para los estudiantes es estar entre amigos que no son creyentes, y no volverse como ellos; porque como personas, todavía son «cemento húmedo». A menudo, los estudiantes se balancean entre los extremos: o se van con la multitud y comprometen su testimonio cristiano, o se aíslan y empiezan a juzgar a sus conocidos no cristianos. Ninguno de los extremos sirve al estudiante o al reino y tú, como su mentor, puedes proveer un excelente chequeo de la realidad para ayudarles a ver cuándo van demasiado lejos hacia uno de los extremos.

Versículo a memorizar

«No se dejen engañar: "Las malas compañías corrompen las buenas costumbres"». (1 Corintios 15:33)

¿Cómo puedo aplicar este versículo en mi vida?

Notas del líder

Asegúrate de que el estudiante haya hecho la conexión entre este verso y la «vida real».

Desafío personal

Sugerencia para el desafío de esta semana: envía una nota o un correo electrónico de agradecimiento para las dos personas que identificaste como influencias positivas en tu vida.

Mi vida

¿A cuáles dos personas te gustaría agradecer por ser una buena influencia en tu vida? (piensa por lo menos en una que no sea uno de tus padres). ¿Cuáles son las cualidades de las personas que valoras, y por qué consideras estas cualidades tan importantes? ¿Quién podría incluir *tu* nombre en una lista así? ¿Cómo te hace sentir eso? ¿Por qué? Luego de que hayas escrito *sobre* esas personas que fueron determinantes para ti, ¿por qué no *escribirles* una nota o un correo electrónico?

Lista de control del mentor para cada reunión:

❏ Ora

❏ Motiva

❏ Conversa

❏ Desafía

Palabras finales

Felicitaciones por completar tus primeras seis reuniones y tiempos «compartir» con tu estudiante. Para este instante, tienes alguna seguridad y esperamos que seas capaz de seguir adelante incluso con más entusiasmo. Dios está para ti y está trabajando en la vida del estudiante, y en la tuya, en maneras que puedes ver, pero también en muchas que todavía no puedes ver. Sigue sembrando y, en el tiempo debido, cosecharás una rica recompensa (cf. Gálatas 6:9). No olvides recomendar este libro en tu círculo de amigos y conocidos para que puedan mentorear a un estudiante. Tú, y ellos, están cambiando el mundo al poner en práctica *el factor compartir*.

DISFRUTE DE OTRAS PUBLICACIONES DE EDITORIAL VIDA

Desde 1946, Editorial Vida es fiel amiga del pueblo hispano a través de la mejor literatura evangélica. Editorial Vida publica libros prácticos y de sólidas doctrinas que enriquecen el caudal de conocimiento de sus lectores.

Nuestras Biblias de Estudio poseen características que ayudan al lector a crecer en el conocimiento de las Sagradas Escrituras y a comprenderlas mejor. Vida Nueva es el más completo y actualizado plan de estudio de Escuela Dominical y el mejor recurso educativo en español. Además, nuestra serie de grabaciones de alabanzas y adoración, Vida Music renueva su espíritu y llena su alma de gratitud a Dios.

En las siguientes páginas se describen otras excelentes publicaciones producidas especialmente para usted. Adquiera productos de Editorial Vida en su librería cristiana más cercana.

Una vida con propósito

Rick Warren, reconocido autor de *Una Iglesia con Propósito*, plantea ahora un nuevo reto al creyente que quiere alcanzar una vida victoriosa. La obra enfoca la edificación del individuo como parte integral del proceso formador del cuerpo de Cristo. Cada ser humano tiene algo que le inspira, motiva o impulsa a actuar a través de su existencia. Y eso es lo que usted podrá descubrir cuando lea las páginas de *Una vida con propósito*.

0-8297-3786-3

NVI Audio Completa

0-8297-4638-2

La Biblia NVI en audio le ayudará a adentrarse en la Palabra de Dios. Será una nueva experiencia que le ayudará a entender mucho más las Escrituras de una forma práctica y cautivadora.

Nos agradaría recibir noticias suyas.
Por favor, envíe sus comentarios sobre este libro
a la dirección que aparece a continuación.
Muchas gracias.

Editorial Vida
8410 N.W. 53rd Terrace, Suite 103
Miami, Fl. 33166

Vida@zondervan.com

www.editorialvida.com